LAS LEYES
DE LA SUERTE

Otros libros de Brian Tracy

¡Manos a la obra!

Si lo crees, lo creas

Conecta con la motivación

Conecta con los demás

Conecta con el dinero

Multiplica tu dinero

Autor bestseller de *The New York Times*

BRIAN TRACY

LAS LEYES
DE LA SUERTE

Un sistema para el éxito a prueba de errores

El papel utilizado para la impresión de este libro ha sido fabricado a partir de madera
procedente de bosques y plantaciones gestionadas con los más altos estándares ambientales,
garantizando una explotación de los recursos sostenible con el medio ambiente y beneficiosa para las personas.

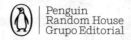

Penguin
Random House
Grupo Editorial

Las leyes de la suerte
Un sistema para el éxito a prueba de errores

Título original: *The Laws of Luck. The Success System That Never Fails*

Primera edición: julio, 2024

D. R. © 2023, Brian Tracy

D. R. © 2024, derechos de edición mundiales en lengua castellana:
Penguin Random House Grupo Editorial, S. A. de C. V.
Blvd. Miguel de Cervantes Saavedra núm. 301, 1er piso,
colonia Granada, alcaldía Miguel Hidalgo, C. P. 11520,
Ciudad de México

penguinlibros.com

D. R. © 2024, Marta Escartín Labarta, por la traducción

ISBN: 978-607-384-640-0

Impreso en México – *Printed in Mexico*

Índice

CAPÍTULO 3.

CONOCIMIENTO: LA CLAVE DEL PODER Y DEL ÉXITO 63

CAPÍTULO 4.

LOGROS Y MAESTRA 83

Capítulo 1

Las leyes de la suerte básicas

Todo el mundo quiere estar más sano, ser más feliz, más próspero y estar más satisfecho. Sin embargo, solo unas pocas personas están viviendo realmente una vida feliz, totalmente funcional y autorrealizada. La mayoría de las personas tienen la inquietante sensación de que les podría ir mucho mejor de lo que les va hoy, si supieran cómo. Viven muy por debajo de sus potenciales innatos para el éxito y la felicidad. Podrían estar mucho más sanas, ganar más dinero, lograr mayores éxitos, reconocimiento y estima y disfrutar de una vida más satisfactoria que la actual.

Personalmente, empecé con muy pocas ventajas. Mis padres nunca tuvieron dinero, y mi padre estuvo mucho tiempo desempleado. Fracasé en la preparatoria y trabajé de obrero durante muchos años. A los 24 años seguía a la deriva. Estaba arruinado, desempleado, muy endeudado, sin habilidades, educación, amigos poderosos y sin mucho futuro, a mi parecer.

Luego empecé a preguntarme: "¿Por qué algunas personas tienen más éxito que otras? ¿Por qué algunos tienen más dinero, mejores trabajos, familias más felices, una salud desbordante y vidas emocionantes? Manejan unos carros más bonitos; usan ropa más elegante y viven en hogares mejores. Siempre parecen tener dinero. Van a restaurantes elegantes, hacen viajes preciosos y tienen vidas satisfactorias. ¿Por qué?".

Me dijeron que las personas exitosas simplemente tenían suerte, y quienes no tenían éxito y eran infelices solo eran víctimas de la mala suerte. ¿Significaba esto que las personas que partían de entornos limitados, trabajaban y estudiaban mucho y destacaban por su voluntad y su esfuerzo simplemente tenían suerte? ¿Significaba que las personas que habían llegado de todas partes del mundo sin amigos, sin habilidades lingüísticas, sin dinero ni oportunidades, pero se habían vuelto exitosas, simplemente tenían suerte? No le encontraba sentido.

Según el banco mundial Credit Suisse, en 2022 había más de 22 millones de millonarios en Estados Unidos. Muchos, por no decir la mayoría, lo consiguieron con su propio esfuerzo. Ese mismo año, surgieron unos 2.5 millones nuevos de millonarios. ¿Acaso toda esta gente simplemente tuvo suerte?

Lo que aprendí, y estoy a punto de compartir contigo, es el resultado de más de 25 años de estudio de los pensamientos, sentimientos, acciones, comportamientos y decisiones de las personas exitosas. La conclusión es que la suerte es predecible. No se trata de una serie de sucesos aleatorios y fortuitos de los que una persona recibe mucho y otra nada. De hecho, puedes tener toda la suerte que quieras si haces todo lo que hacen las personas que se dicen afortunadas.

La suerte es predecible. Puedes tener toda la suerte que quieras si haces todo lo que hacen las personas que se dicen afortunadas.

LA LEY DE CAUSA Y EFECTO

En el siglo v a.c. hubo un grupo de filósofos griegos que propugnaron lo que acabó siendo la ley básica de la filosofía y el pensamiento occidentales. En una época en la que todo el mundo creía en los dioses del monte Olimpo y las influencias caóticas y sin causa de los elementos, estos filósofos decían que vivimos en un mundo de ley, gobernado por un sistema de orden, tanto si comprendemos los principios que los sustentan como si no. En la actualidad, estos principios los resumimos bajo la ley de causa y efecto. La aceptamos como parte del mundo. Pero en aquella época era una idea extraordinaria y muy debatida.

La ley de causa y efecto afirma que todo ocurre por una razón: para cada efecto en tu vida hay una causa o una serie de causas específicas que se pueden medir, definir e identificar. Si hay algo que quieres en la vida, un efecto que desees, puedes encontrar alguien más que haya logrado el mismo resultado. Si haces todo lo que esa persona hizo puedes acabar disfrutando de los mismos resultados y recompensas.

El éxito no es un accidente. No es el resultado de la buena suerte frente a la mala suerte. Incluso aunque no hayas descubierto cómo llegaste de donde estabas a donde estás en la actualidad, diste una serie de pasos determinados que te trajeron hasta aquí. De hecho, no podrían haberte llevado a otro lugar.

Estás donde estás y eres quien eres gracias a ti mismo. Tus decisiones y elecciones a lo largo de los años determinaron tu vida en este momento. Lo maravilloso de esto es que en cualquier momento puedes comenzar a tomar decisiones distintas y a dar pasos diferentes, e inevitablemente llegarás a un lugar distinto de donde estás hoy.

Estados Unidos está lleno de cientos de miles de personas que provienen de entornos complicados, con todo tipo imaginable de minusvalías y responsabilidades, pero que pudieron construirse una vida maravillosa para sí mismas. A menudo quienes las rodean achacan su buena fortuna a la suerte. Sin embargo, si hablas con ellas y repasas sus historias, descubrirás que la suerte no tuvo nada que ver con su éxito… y no tiene nada que ver con el tuyo.

La ley de causa y efecto va en ambas direcciones; también dice que si hay un efecto desafortunado en tu vida, como falta de dinero, problemas en tus relaciones o un trabajo o carrera poco satisfactorios, puedes rastrearlo hasta aquello que hiciste para causarlo. Si eliminas las causas, puedes eliminar los efectos, a veces de un día para otro. Las personas exitosas, felices y prósperas descubrieron las leyes que rigen nuestra vida y la diseñaron para vivir en armonía con dichas leyes. En consecuencia, experimentan mucha más alegría y satisfacción, y logran más en unos pocos años de lo que logra una persona normal en toda su vida.

Habrás oído decir que en el póker los ganadores se ríen y bromean, mientras que los perdedores dicen: "Calla y reparte". En el mundo que te rodea los ganadores están ocupados y trabajando para lograr sus objetivos, mientras que la gente normal se esfuerza lo menos posible y esperando que salga algo bueno de eso. Los ganadores atribuyen su éxito al trabajo duro y la constancia. La gente mediocre atribuye sus fracasos a la mala suerte.

Quizás, el corolario más importante de la ley de causa y efecto sea el siguiente: los pensamientos son causas y las condiciones efectos. Tu mente es la fuerza más poderosa de tu universo. Como dijo Ralph Waldo Emerson: "Un hombre se convierte en lo que piensa la mayor parte del tiempo".

Los pensamientos son causas y las condiciones efectos.

Estás donde estás y eres lo que eres debido a lo que piensas habitualmente. Tus pensamientos son creativos y, a la larga, crean tu realidad, por lo que, si cambias tu forma de pensar, cambias tu vida. Los mejores pensadores de todos los tiempos, desde las primeras religiones, filósofos y escuelas metafísicas, hicieron hincapié en el poder de la mente humana para forjar el destino individual.

LA LEY DE ACCIÓN Y REACCIÓN

Otra versión de la ley de causa y efecto es la ley de acción y reacción, propuesta por primera vez por Isaac Newton. Afirma que para cada acción hay una reacción igual y opuesta. Dicho de otro modo, las acciones tienen consecuencias. Al principio puedes decidir y controlar una acción concreta, pero una vez que la iniciaste las consecuencias suelen estar fuera de tu alcance. En cuanto haces o dices una cosa determinada las consecuencias adquieren un poder y una fuerza propios. Por eso todas las personas exitosas tienden a reflexionar mucho sobre lo que dicen y hacen, mientras que las personas sin éxito tienden a ser irreflexivas, incluso descuidadas, con sus declaraciones o comportamientos.

La clave para disfrutar más de lo que la gente llama suerte es emprender más acciones que puedan tener las consecuencias que deseas. Al mismo tiempo, debes decidir conscientemente evitar aquellas acciones que no te traerán las consecuencias que deseas o, peor aún, que te traerán consecuencias que no deseas. Si te dedicas a las ventas, las acciones de prospección, presentación, seguimiento y trabajo continuo para cultivar clientes potenciales y referencias te traerán, en última instancia, las consecuencias del éxito en las ventas, mayores ingresos, orgullo personal y mayor satisfacción en tu carrera. Cuantas más de estas acciones emprendas, más consecuencias placenteras disfrutarás. Por otro lado, cuantas menos de estas acciones lleves a cabo, menos a menudo disfrutarás de ellas.

Otra reformulación de la ley de causa y efecto es la ley de la siembra y la cosecha. Como dice la Biblia: "Cada uno cosecha lo que siembra" (Gálatas 6:7). Todo lo que inviertes lo obtienes. Cualquier cosa que coseches hoy es el resultado de lo que sembraste en el pasado.

Las leyes de causa y efecto, de acción y reacción, y de siembra y cosecha son verdades eternas, principios universales que han existido desde el principio del hombre en esta tierra. Todo el éxito, la felicidad y los grandes logros provienen de organizar tu vida de acuerdo con estos principios atemporales. Cuando lo hagas alcanzarás niveles de satisfacción que rara vez experimenta una persona normal, y la gente empezará a llamarte afortunado.

LA LEY DE LAS PROBABILIDADES

La ley de las probabilidades es determinante para explicar la suerte. Esta ley afirma que para cada acontecimiento existe una probabilidad de que se produzca en determinadas circunstancias. Los acontecimientos ocurren en tu vida con una regularidad lógica y sistemática. Por ejemplo, si lanzas una moneda al aire, a la larga saldrá águila el 50% de las veces y sol el otro 50%. La probabilidad de que salga águila o sol es del 50%, sin importar cuántas veces lances la moneda. Aunque lances la misma moneda 5 000 veces, en cada lanzamiento las probabilidades siguen siendo 50% águila y 50% sol. Para disfrutar de más suerte, tu tarea principal es aumentar las probabilidades de éxito en cada área que sea importante para ti.

En este libro te hablaré de docenas de maneras de influir en las probabilidades de lograr los resultados que deseas prácticamente en cualquier cosa que hagas. Te pondré un ejemplo. Imagínate una persona que tomó demasiado y casi no puede ni tenerse en pie, en una habitación poco iluminada, con una diana en la pared a más o menos un metro de distancia. Esta persona tiene un suministro interminable de dardos para lanzar. No está lúcida ni alerta y no tiene experiencia en lanzar dardos, pero comienza a hacerlo. ¿Qué probabilidades hay de que esta persona acierte en la diana? No son especialmente buenas. Sin embargo, con toda probabilidad, si lanza los dardos suficientes en dirección a la diana, tarde o temprano acabará dándole.

¿Cuál es la probabilidad de que este individuo dé en el blanco? Si esta persona lanza los dardos suficientes, si permanece de pie el tiempo suficiente, aprende a ajustar su puntería poco a poco y sigue lanzando dardos sin cesar, acabará dando en el blanco.

Esta es una de las lecciones clave de la vida. No importa quién seas o en qué situación inicies, si lo intentas suficientes veces, aprendes de cada intento y persistes una y otra vez en apuntar a un objetivo que es importante para ti, debes dar y darás en la diana. No es cuestión de suerte, sino de probabilidades.

Ahora imagina que a esta misma persona, pero ahora totalmente sobria, le das un curso avanzado de lanzamiento de dardos impartido por un jugador de dardos profesional. Luego la pones a tres o cuatro metros de la diana, en una habitación bien iluminada, y se le da una gran cantidad de dardos de gran precisión y muy bien fabricados. Esta persona reflexiona y lanza cada dardo con intención, ajustando cuidadosamente su objetivo en cada tiro. ¿Qué ocurriría? Si se mejoran todos los factores controlables (conocimiento, habilidades, condiciones de iluminación, estado de alerta, claridad de la diana y distancia al tablero), eso aumentaría drásticamente las probabilidades de que esta persona diera en el blanco mucho antes que en la situación anterior.

Si examinamos cada parte del proceso que sigues para conseguir los objetivos más importantes para ti, y teniendo en cuenta cada una de ellas y mejorándolas en la medida de lo posible, puedes aumentar drásticamente las probabilidades de alcanzar el éxito que deseas. Si quieres tener éxito en cualquier campo y tienes absolutamente claro, por escrito, lo que el éxito significa para ti, es mucho más probable que lo consigas. Si luego estudias y desarrollas los conocimientos y habilidades necesarios para destacar en ese campo, aumentarás aún más tus probabilidades de éxito. Si te asocias con las personas adecuadas, te gestionas a ti mismo y tu tiempo extremadamente bien, te mueves con rapidez cuando se presenta la oportunidad, perseveras ante los obstáculos y asumes riesgos inteligentes para acelerar tu progreso, te pondrá del lado correcto del camino. Mejorarás tus probabilidades, y en uno o dos años alcanzarás el éxito que otras personas quizás no logren en 10 o 20 años de comportamiento menos centrado. No es cuestión de suerte. La ley de los promedios dice que aunque no puedes predecir cuál de una serie de acontecimientos tendrá éxito, si haces algo determinado un número determinado de veces, lograrás tu objetivo.

> Si tienes absolutamente claro lo que significa el éxito, tendrás muchas más probabilidades de tener éxito.

Por ejemplo, una mujer llega a un acto importante con un vestido precioso. Le queda perfecto, los colores combinan a la perfección con su tono de piel y su pelo, y le favorece en todos los sentidos; está estupenda. Una amiga le pregunta:

—¿De dónde sacaste ese vestido tan bonito?

Ella responde:

—Quería lucir lo mejor posible para esta ocasión, así que salí a comprar hasta que encontré el vestido ideal.

Su amiga responde:

—Tuviste suerte de encontrar un vestido tan ideal para este acto.

La mujer había pensado con claridad sobre el vestido ideal para esta fiesta. Reflexionó sobre su experiencia con la ropa, los colores y los tejidos. Reunió información leyendo revistas de moda y viendo anuncios. Llamó por teléfono a muchas tiendas para saber qué tenían en existencia y en qué tallas. Consultó varios sitios web para ver otras opciones. Comenzó una búsqueda personal y visitó una tienda tras otra, se probó varios vestidos y los comparó con su objetivo y sus experiencias. Al final, ya muy avanzado el proceso, encontró una boutique en un lejano centro comercial que tenía el vestido adecuado, en el color y la talla adecuados, con el corte exacto para ella.

La suerte no tuvo nada que ver con esta elección. Esta mujer tenía muy claro lo que quería, investigó a fondo, utilizó el teléfono e internet para ahorrar tiempo en desplazamientos y visitó numerosos lugares antes de encontrar exactamente lo que buscaba. La probabilidad de que encontrara el vestido ideal en una sola tienda era baja, pero la ley de los promedios decía que si buscaba en suficientes tiendas, con una idea clara de lo que quería, acabaría encontrando lo que buscaba. Si la suerte entraba en la ecuación, solo desempeñaba un papel mínimo.

LA LEY DE LA ATRACCIÓN

Quizás el factor de la suerte más importante de todos sea la ley de la atracción. Esta ley afirma que eres un imán viviente e inevitablemente atraes a tu vida a las personas, circunstancias, ideas y recursos que están en armonía con tus pensamientos dominantes.

> Inevitablemente atraes a tu vida a las personas, circunstancias, ideas y recursos que están en armonía con tus pensamientos dominantes.

Como puedes ver, la ley de la atracción es una extensión directa de la ley de causa y efecto. Según mi experiencia, la ley de la atracción explica prácticamente todas las circunstancias de tu vida. Las personas que piensan y hablan continuamente sobre lo que quieren atraen más y más de las cosas que quieren a su vida. Las personas que condenan y se quejan, o que son envidiosas, están enfadadas y resentidas, atraen continuamente experiencias negativas.

Al igual que las demás leyes, la ley de la atracción es neutral. Estas leyes no tienen favoritos. Pueden trabajar a tu favor o en tu contra, positiva o negativamente, dependiendo de ti. De hecho, la lección de vida más importante que jamás aprenderás es que tu tarea principal es pensar y hablar solo de las cosas que quieres y adquirir la disciplina de negarte a pensar y hablar de las cosas que no quieres. Esto parece sencillo, pero suele ser lo más difícil y complicado que jamás intentarás hacer. En este libro retomaremos este principio a menudo.

LA LEY DE LA FE

La ley de la fe es otro factor de la suerte que puedes usar para tu beneficio. También puede funcionar a tu favor o en tu contra; depende de ti y de cómo la apliques. La ley de la fe afirma que lo que crees con convicción se convierte en tu realidad.

El gran psicólogo de Harvard William James escribió que "la creencia crea el hecho real". El Nuevo Testamento dice: "Conforme a vuestra fe os sea hecho" (Mateo 9:29). El Antiguo Testamento dice: "Porque cual es su pensamiento en su corazón, tal es él" (Proverbios 23:7). A lo largo de la historia la gente ha reconocido que nuestras creencias desempeñan un papel importante en la forma en que vemos el mundo y en la manera en que pensamos y nos comportamos. Si crees firmemente que estás destinado a tener un gran éxito en la vida, pensarás y te comportarás en consecuencia, y eso se hará realidad para ti. Si crees firmemente que eres una persona afortunada y que continuamente te ocurren cosas buenas, tu creencia se convertirá en un hecho real en tu vida. Tus creencias se convierten en tus realidades.

LA LEY DE LA MENTE

La ley de la mente, que es un corolario de la ley de la fe, afirma que los pensamientos se cosifican. Tus pensamientos acaban materializándose en el mundo que te rodea. Jesús dice: "Por sus frutos los conocerán" (Mateo 7:20). Puedes saber en qué piensa una persona la mayor parte del tiempo observando su vida: una persona feliz, sana, próspera, con buenos amigos y familia es invariablemente una persona que piensa en ellos en términos positivos y cree que son correctos y buenos para ella.

> Los pensamientos se cosifican. Tus pensamientos acaban materializándose en el mundo que te rodea.

Hoy en día las personas tienen más oportunidades de alcanzar sus objetivos, como los relacionados con la salud, la felicidad y la independencia económica, que en toda la historia de la humanidad. De hecho, uno de los grandes factores de suerte, que poca gente conoce o aprecia, es haber nacido y estar vivo en nuestro mundo tal y como existe ahora. Nunca ha habido más oportunidades para que más personas disfruten de salud y prosperidad que actualmente. A lo largo de toda la historia hombres y mujeres han soñado con la Edad de Oro en la que estamos entrando. Por supuesto, siempre habrá problemas sociales, políticos y económicos, pero son inevitables y pueden resolverse. La buena noticia es que para ti las posibilidades son ilimitadas.

Los mayores límites de cada persona son las creencias autolimitantes. Aunque normalmente no se basan en hechos, hacen que te vendas poco. Actúan como frenos a tu potencial. Algunas de las más populares son: "Soy demasiado viejo", "soy demasiado joven", "no tengo suficiente educación", "tengo demasiada educación", "no tengo suficiente experiencia", "tengo demasiada experiencia". La gente piensa que no es lo bastante lista, creativa o talentosa para conseguir las cosas que quiere.

Este es un punto importante: no puedes desear intensamente algo sin tener al mismo tiempo la capacidad de conseguirlo. La existencia del deseo en sí suele ser la prueba de que tienes dentro de ti la capacidad de cumplir ese deseo. Tu tarea consiste simplemente en averiguar cómo, en identificar qué puedes hacer para aumentar las probabilidades de alcanzar tu objetivo, tal como lo deseas, y en el plazo previsto.

> La existencia del deseo en sí suele ser la prueba de que tienes dentro de ti la capacidad de cumplir ese deseo.

LA LEY DE LAS EXPECTATIVAS

Otro factor de la suerte es la ley de las expectativas. Dice que lo que esperas con confianza se convierte en tu propia profecía autocumplida. Parafraseando esta ley, en la vida no se obtiene lo que se desea, sino lo que se espera.

Cincuenta años de investigaciones han demostrado que el factor de motivación personal más poderoso y predecible ha sido una actitud de expectativas positivas. Esto ocurre cuando esperas con calma y confianza que te ocurran cosas buenas. Una buena forma de activar esta ley en tu vida es empezar cada mañana diciendo: *Creo que hoy me va a ocurrir algo maravilloso*. Repite esta afirmación varias veces hasta que toda tu mente esté cargada de confianza y expectativas. Al final del día haz una breve recapitulación y repasa los acontecimientos de las últimas horas. Te sorprenderá comprobar el gran número de cosas maravillosas, grandes y pequeñas, que te han sucedido cuando tu mente estaba sobrecargada de confianza y expectativas.

Las personas exitosas se caracterizan por esta actitud de autoexpectativa: esperan tener éxito más a menudo de lo que fracasan; esperan ganar más a menudo de lo que pierden; esperan obtener algo de cada experiencia; buscan lo bueno en cada situación. Ven el vaso medio lleno y no medio vacío. Incluso cuando las cosas les salen mal, buscan en el revés las lecciones que pueden aprender y las ventajas que pueden obtener.

En su estudio de 500 de los hombres más ricos de Estados Unidos, Napoleon Hill, autor de *Piense y hágase rico*, llegó a la conclusión de que todos compartían esta actitud de expectativa positiva. Tenían el hábito de buscar en cada obstáculo o contratiempo una ventaja o beneficio igual o mayor, y siempre lo encontraban. Tú debes acostumbrarte a hacer lo mismo.

Si empiezas una carrera o un negocio con la confianza de que la gente te comprará, recibirás los fondos que necesitas y atraerás a las mejores personas para que te ayuden a hacer realidad tus sueños empresariales. Tu actitud a lo largo del día va delante de ti como una luz brillante, que afecta a todas las personas con las que entras en contacto.

Tus creencias sobre ti mismo y sobre el mundo afectan a tus expectativas; tus expectativas determinan tu actitud; tu actitud determina tu comportamiento, y tu comportamiento hacia los demás determina cómo se relacionan contigo. Cuanto más confiado y positivo seas, cuanto más te creas destinado al gran éxito, más poderosa será la fuerza de atracción; más atraerás a las personas y las circunstancias que necesitas para avanzar rápidamente. La gente te llamará continuamente afortunado.

LA LEY DE LA ACTIVIDAD SUBCONSCIENTE

La ley de la actividad subconsciente —otro factor clave de la suerte— afirma que cualquier pensamiento u objetivo que tengas en tu mente consciente será aceptado por tu mente subconsciente como una orden o instrucción. Tu mente subconsciente, donde reside la ley de atracción, se pondrá a trabajar para llevar a tu vida los objetivos que te fijaste. Tu mente subconsciente hará que tus palabras y acciones se ajusten a un patrón coherente con el concepto que tienes de ti mismo: pensamientos dominantes e ideas sobre ti mismo. Tu mente subconsciente determinará tu lenguaje corporal y la forma en que interactúas con otras personas. Las órdenes que hayas dado a tu mente subconsciente a través de tu mente consciente determinarán tu tono de voz, tus niveles de energía y creatividad, tu entusiasmo y tus expectativas. Tu mente subconsciente es extraordinariamente poderosa y, una vez que la hayas dirigido para que trabaje para ti en la consecución de metas y objetivos específicos, te permitirá avanzar a una velocidad que ahora no puedes imaginar.

En el cerebro hay un pequeño órgano en forma de dedo llamado corteza reticular o sistema de activación reticular. Es como una centralita telefónica: recibe las llamadas y las transmite, tanto al consciente como al inconsciente. Se activa con las órdenes que pasas de tu mente consciente a tu subconsciente en forma de pensamientos sobre quién eres, qué quieres y qué es lo más importante para ti. Se activa y hace que tu mente sea supersensible a las cosas que realmente quieres. Por ejemplo, si decides que quieres un carro deportivo rojo, empezarás a ver carros deportivos rojos por todas partes. Si decides tener éxito económico, desarrollarás una percepción selectiva de ideas, información, personas y oportunidades que puedan ayudarte económicamente. Atraerás a personas que tengan ideas y consejos para ti, encontrarás libros y artículos que respondan a preguntas clave y empezarás a comportarte de forma que te conduzcan al éxito financiero.

LA LEY DE LA AFIRMACIÓN

La ley de la afirmación es otro factor de la suerte que puedes utilizar constantemente. Dice que cualquier objetivo que repitas una y otra vez de forma positiva, personal y en tiempo presente será aceptado por tu mente subconsciente como una orden. Los resultados serán atraídos a tu vida por la ley de la atracción. Por ejemplo, si sigues repitiendo las palabras *yo gano 150 000 dólares al año, yo gano 150 000 dólares al año, yo gano 150 000 dólares al año* una y otra vez, harás que la idea cale cada vez más hondo en tu subconsciente, que entonces la acepta, dándole fuerza propia.

Las personas a las que se describe como afortunadas siempre tienden a hablar en términos positivos sobre las cosas que quieren y las circunstancias que les rodean. Reconocen que, al igual que uno se convierte en aquello en lo que piensa, obtiene aquello de lo que habla, así que se aseguran de hablar de lo que quieren y no de lo que no quieren.

LA LEY DE LA CORRESPONDENCIA

La ley de la correspondencia es quizás mi favorita entre todos los grandes principios atemporales que explican el éxito y el fracaso. Es un factor clave de la suerte. Simplemente afirma que tu mundo exterior refleja tu mundo interior; lo que ocurre fuera de ti es un reflejo o una manifestación de lo que ocurre dentro de ti.

Cuando te pones delante de un espejo y ves su reflejo, sabes que está determinado por lo que le presentas. Cuando observes tu vida, verás que está determinada principalmente por lo que tú eres por dentro. Tus relaciones con los demás están determinadas en gran medida por tu carácter y personalidad. Tu actitud y la forma en que la gente reacciona ante ti vienen determinadas en gran medida por tus creencias y expectativas sobre ti mismo y el mundo. Tu riqueza y tus logros económicos vienen determinados por tu nivel interior de aspiración y preparación. La gente es pobre por fuera porque es pobre por dentro. Tu salud externa está determinada por la forma en que piensas sobre tu salud interior. Las personas que piensan todo el tiempo en la comida tienden a tener sobrepeso, a no estar en forma y a ser poco saludables. Las personas que piensan todo el tiempo en la salud y la forma física tienden a estar delgadas, en forma y con energía. Todo empieza por tu forma de pensar.

> Tu mundo exterior refleja tu mundo interior; lo que ocurre fuera de ti es un reflejo o una manifestación de lo que ocurre dentro de ti.

LA LEY DE LOS EQUIVALENTES MENTALES

El principio que resume todas estas leyes es la ley de los equivalentes mentales. Dice que tu principal tarea en la vida es crear dentro de ti el equivalente mental de lo que deseas disfrutar en el exterior. Debes crear en tu interior (pensamiento a pensamiento y sentimiento a sentimiento) la conciencia de éxito, salud, felicidad, prosperidad y realización personal que deseas disfrutar en el mundo que te rodea.

He aquí el gran descubrimiento: tus pensamientos pasados o futuros no cuentan. Lo único que marca la diferencia es la forma en que piensas en este preciso momento. No estás atado por los errores del pasado ni por las limitaciones que percibes en el futuro. Tu potencial es ilimitado, porque eres libre de elegir tus pensamientos en este momento, y lo que piensas en este momento determina la dirección futura de tu vida. Si vas manejando por la carretera y giras el volante de tu carro en una dirección, irás en esa dirección a partir de ese momento. La dirección no la determina cómo manejaste ayer o cómo lo harás mañana; la determina el momento presente.

No puedes controlar el mundo entero, no puedes controlar todos los intrincados e infinitos detalles de la vida moderna, no puedes controlar todos los años del pasado ni todos los años del futuro, pero sí puedes controlar este momento presente. Eso es todo lo que tienes que hacer para alcanzar todo el éxito que puedas imaginar.

EL PODER DE LA SUGESTIÓN

El poder de la sugestión también es un factor de la suerte. Afirma que tu mente —esa intrincada combinación de pensamientos, sentimientos, palabras, imágenes, ideas, percepciones, esperanzas y miedos— está cambiando continuamente. Este cambio en tu estructura mental total puede ser consciente, deliberado y positivo, o aleatorio, fortuito y negativo.

El poder de la sugestión es la influencia más poderosa en todo lo que eres y en todo lo que te conviertes. Como resultado de las miles de influencias que bombardean tu mente cada día, estás estableciendo un campo de fuerza de atracción que te está trayendo las cosas que quieres o las cosas que no quieres. A partir de ahora debes tomar un control consciente, sistemático y decidido sobre las influencias que permites que lleguen a tu mente consciente. Debes leer material saludable, escuchar programas de audio positivos, ver programas de video educativos y edificantes, y relacionarte con personas positivas. Debes proteger tu integridad mental como algo sagrado. Del mismo modo que solo comerías alimentos sanos y nutritivos si quisieras estar en buena forma física, solo debes recibir influencias mentales sanas y nutritivas si también quieres estar en buena forma mental.

LA LEY DE LA RESPONSABILIDAD

El último factor de la suerte de este capítulo es la ley de la responsabilidad. Afirma que eres cien por ciento responsable de ti mismo, de todo lo que eres y de todo en lo que te conviertes. Estás donde estás y eres lo que eres porque decidiste estar ahí.

Esta ley es la gran liberadora. Significa que estás completamente a cargo de tu vida y de todo lo que te sucede. Puesto que tú —y solo tú— puedes controlar tu pensamiento, y tu pensamiento controla tu destino, al hacerte cargo de tus pensamientos puedes tomar el control del resto de tu vida.

La suerte es predecible; el éxito no es un accidente. La felicidad o la infelicidad no son accidentes. Son predecibles con base en las leyes de las que hablé en este capítulo. Simplemente decidiendo puedes convertirte en una persona extremadamente afortunada. Puedes tener más pensamientos coherentes con lo que quieres y hacer más cosas que aumenten tus probabilidades de éxito. Al mismo tiempo, puedes dejar de hacer las cosas que te están frenando y aceptar las ideas que están limitando tu creencia en tu propio potencial.

Eres cien por ciento responsable de ti mismo, de todo lo que eres y de todo en lo que te conviertes.

Si te compras un carro nuevo, con un diseño magnífico, lo sacas a la carretera y funciona de maravilla, ¿lo atribuyes a la suerte? Por supuesto que no. Tanto si se trata de un hermoso automóvil como de un sofisticado equipo de música o un reloj hecho a mano, sabes que se construyeron siguiendo unas leyes específicas de mecánica, física y electricidad. El hecho de que funcionen perfectamente no es cuestión de suerte.

Lo mismo ocurre contigo. Cuando empieces a aplicar estos factores de suerte a tu vida empezarás a conseguir cosas extraordinarias. Irás por delante de la gente que te rodea. Disfrutarás de mayores éxitos y logros de los que nunca imaginaste, y será el resultado del diseño, no de la suerte.

CÓMO ATRAER LA SUERTE A TU VIDA

1. Puedes tener éxito en lo que quieras si haces lo que hacen las personas de éxito.
2. El universo funciona según la ley de causa y efecto. Todo lo que ocurre tiene una causa o una serie de causas que lo han provocado.
3. Tus elecciones en el pasado te llevaron donde estás ahora.
4. Atraes las circunstancias de tu vida por tus pensamientos dominantes.

5. Tu mente es la fuerza más poderosa del universo. Cambiando tu forma de pensar puedes cambiar tu vida.

6. Lo que crees con convicción se convierte en tu realidad.

7. Tu principal tarea es crear el equivalente mental de lo que quieres disfrutar en la vida.

Capítulo 2

El secreto de los objetivos

Quizás el más importante de todos los factores de la suerte sea saber exactamente lo que quieres en cada área de tu vida. El principal motivo del éxito son los objetivos claros, específicos y mensurables, escritos y respaldados por planes redactados y un ardiente deseo de alcanzarlos. El principal motivo del fracaso y de la falta de éxito es la confusión y la incapacidad para decidir exactamente lo que se quiere, cómo será, cuándo se querrá o cómo se conseguirá. Como decía el difunto orador motivacional Zig Ziglar, la gran mayoría de las personas deambulan por generalidades en lugar de por especificidades significativas. No puedes dar en un blanco que no ves, y si no sabes adónde vas, cualquier camino te llevará ahí.

El principal motivo del éxito son los objetivos claros, específicos y por escrito.

Una persona sin objetivos claros es como un barco sin timón, que se deja llevar por las mareas y el viento. Pero una persona con objetivos claros y específicos es como un barco con timón, que navega recto y seguro hacia su destino. Es increíble lo rápido que cambiará tu suerte si te orientas decididamente hacia tus objetivos. Como dijo una vez un amigo mío: "El éxito son los objetivos, y todo lo demás son comentarios". Puede que no sea tan sencillo, pero es un magnífico punto de partida.

Un *best seller* reciente proclama que "las coincidencias ocurren". Se supone que esto es un gran descubrimiento, y mucha gente se entusiasmó con este pensamiento, pero en la mayoría de los casos las coincidencias no ocurren. Por el contrario, existen distintas probabilidades de que se produzcan determinados acontecimientos. Según la ley de los promedios, si haces suficientes cosas diferentes a lo largo de los años, como bolas de billar rodando, una o dos de ellas chocarán entre sí, pero se basa en la ley, no en la suerte o la coincidencia.

LA LEY DE LA SERENDIPIA

Hay dos principios extraordinariamente importantes que debes aprender. Son factores esenciales de la suerte y lo han sido siempre. Los practican los hombres y mujeres de más éxito de la actualidad. Comprenderlos puede abrirte los ojos a posibilidades de las que quizás nunca hayas sido consciente en el pasado.

El primero de estos factores de la suerte es el principio de *serendipia*. La serendipia se ha descrito mejor como la capacidad de hacer descubrimientos felices en el camino de la vida.

La palabra *serendipia* procede del cuento de los tres príncipes de Serendip o Serendib (actual Sri Lanka). Estos tres
príncipes viajaban de un lado a otro y se encontraban con una
experiencia tras otra de desgracia y aparente desastre en la vida
de los demás. Pero tras su visita y al hacer cambiar de opinión
a la persona desafortunada, el desastre se convertía en éxito.

Por ejemplo, los tres príncipes llegaron a una granja donde
había ocurrido un triste accidente. El único hijo del granjero
se había caído de su único caballo y se había roto la pierna. El
caballo salió al galope y no había manera de encontrarlo. Como
puedes imaginarte, el granjero estaba bastante angustiado, pero
los tres príncipes le dijeron que no se preocupara; algo bueno
podía salir de todo aquello.

Resulta que este país estaba en guerra con otro país vecino.
A la mañana siguiente llegó un pelotón de soldados para reclutar
a todos los jóvenes sanos para el ejército. Como el único hijo del
granjero tenía una pierna rota, se libró del reclutamiento. Más
tarde, ese mismo día, llegaron representantes del gobierno para
confiscar todos los caballos que pudieran ser utilizados por el
ejército, pero como su único caballo se había escapado, el granjero volvió a librarse.

Estos acontecimientos aparentemente desafortunados resul-
taron ser la salvación del granjero. Cuando los representantes del
gobierno se marcharon, el caballo volvió a casa por su cuenta, la
pierna del hijo se curó pronto y el granjero se sintió feliz. Pero
el ejército perdió una gran batalla y la mayoría de los caballos
y hombres murieron.

En otro caso, los tres príncipes se toparon con un rico terrateniente cuya hacienda entera había sido arrasada por una

inundación. Todo lo que había acumulado a lo largo de su vida había quedado destruido. Como puedes imaginar, estaba angustiado y deprimido, pero los tres príncipes lo convencieron de que algo bueno ocurriría.

Poco después, mientras caminaban por la tierra devastada e inundada, donde toda la capa superior del suelo había sido arrastrada por la riada, encontraron una piedra preciosa, y luego otra, y otra más. La inundación, que arrastró capas de mantillo superficiales, dejó al descubierto innumerables piedras preciosas que enriquecieron al terrateniente más de lo que jamás había imaginado.

La clave del principio de serendipia está en la ley de las expectativas positivas: cuanta más confianza tengas en que algo bueno vaya a salir de cada situación, más probable será que ocurra.

> Cuanta más confianza tengas en que algo bueno vaya a salir de cada situación, más probable será que ocurra.

El principio de serendipia solo funciona cuando se tiene la certeza absoluta de que todo saldrá bien. Entonces se produce todo tipo de acontecimientos felices. Muchos de ellos pueden parecer contratiempos o fracasos, pero resulta que era exactamente lo que tenía que ocurrir para que alcances tu objetivo.

Este es un principio filosófico importante: tu situación actual es exactamente lo que necesitas en este momento para tu crecimiento y desarrollo personales. Cada parte de tu vida es exactamente como debería ser. Todo lo que tienes entre manos contiene posibilidades que puedes aprovechar en tu propio beneficio.

Puede que estés trabajando para un jefe problemático en un sector en el que la competencia es feroz, los márgenes son bajos y el futuro potencial es limitado. Si no tienes cuidado, te permitirás ser negativo con tu situación actual, pero si te das cuenta de que, según el principio de la serendipia, eso es exactamente lo que necesitas en este momento, puedes buscar la ventaja que puede contener.

Puedes preguntarte: "Si no estuviera haciendo este trabajo, sabiendo lo que sé ahora sobre este trabajo y su futuro, ¿me metería en este campo en primer lugar?". Si tu respuesta es negativa, entonces la siguiente podría ser: "Si pudiera hacer cualquier cosa que realmente quisiera, ¿qué sería?". Sea lo que sea, puedes utilizar tu experiencia actual como trampolín hacia experiencias más elevadas y mejores, en lugar de quedarte sentado deseando y esperando que las cosas mejoren.

Un gran factor de la suerte es la ley del futuro, que dice que no importa de dónde vengas; lo único que importa es a dónde vayas. El pasado está muerto. Solo sirve para darte orientación y sabiduría para que puedas tomar mejores decisiones en el futuro. No puedes permitirte llorar sobre la leche derramada. Considera el pasado como un coste hundido, como una inversión irrecuperable en tu futuro. Luego vuelve los ojos hacia el horizonte futuro de tus propias posibilidades y empieza a avanzar en esa dirección.

> El pasado está muerto. Solo sirve para darte orientación y sabiduría para que puedas tomar mejores decisiones en el futuro.

EL PRINCIPIO DE LA SINCRONICIDAD

El segundo principio es quizás el factor de la suerte más importante de todos, y está entrelazado con muchos de los otros principios de este libro. Se llama *sincronicidad*. Va más allá de la ley de causa y efecto, que afirma que cada efecto en tu vida tiene ciertas causas específicas que puedes rastrear e identificar.

El principio de la sincronicidad, por el contrario, dice que ocurrirán cosas que no tienen una relación directa de causa y efecto. A menudo los acontecimientos no están vinculados por la causalidad, sino por el significado. Por ejemplo, una mañana te levantas y empiezas a hablar con tu pareja de ir de vacaciones a Hawái, pero sabes que no puedes permitírtelo y que, de todos modos, no puedes conseguir tiempo libre. Sin embargo, la idea de ir a Hawái le entusiasma. Por eso mismo, le diste vida a la idea de unas vacaciones en Hawái. Cualquier pensamiento al que le des vida pasa de tu mente consciente a tu subconsciente, la sede de la ley de la atracción. De este modo, envías vibraciones positivas que atraen a personas y circunstancias que harán realidad ese pensamiento.

Ese día vas a trabajar y, de paso, comentas que te gustaría hacer un viaje a Hawái con tu pareja. Tu jefe te llama un par de horas más tarde y te dice que, como has estado haciendo un gran trabajo y la compañía está en temporada baja, no habrá ningún problema si quieres tomarte una o dos semanas de vacaciones. Ese mismo día, a la hora de comer, un amigo te habla de una nueva agencia de viajes que organiza paquetes de vacaciones en Hawái, con hotel, boleto de avión y transporte terrestre a muy buen precio. De hecho, tu amigo tiene un folleto que describe exactamente la isla que querías visitar y el hotel que sería ideal para ustedes, y el precio es de menos de 2 000 dólares para los dos por una semana entera en Hawái. Esa noche llegas a casa y recibes por correo una devolución del impuesto sobre la renta por un sobrepago inesperado que asciende a… lo adivinaste… 2 000 dólares.

Fíjate en lo que ocurrió. Tenías un pensamiento muy claro y cargado de emoción: hacer un viaje a Hawái con tu pareja. Ese día se produjeron tres acontecimientos, sin ninguna relación causal entre ellos, pero todos se juntaron para permitirte alcanzar tu objetivo en menos de un día. Este tipo de cosas suceden todo el tiempo una vez que entras en "la zona". Cuando le das vida a tu mente, aclaras tus pensamientos, intensificas tus deseos y enfocas tu vida con confianza y expectativas positivas, todo tipo de sucesos serendípicos y sincrónicos empiezan a ocurrirte.

La única relación que tienen estos acontecimientos entre sí es el significado que les das tú con tus pensamientos sobre las cosas que realmente quieres. Pero si tus pensamientos son difusos, confusos y contradictorios, estos principios no te funcionarán. Esta es la razón principal por la que la mayoría de la gente es infeliz y no tiene éxito. Tienen enormes poderes, pero no consiguen utilizarlos porque no entienden cómo funcionan.

Una y otra vez se ha comprobado que las empresas con planes estratégicos redactados muy claros tienen mucho más éxito que las que actúan de forma improvisada. Escribir un plan estratégico lleva mucho tiempo, a veces muchas horas e incluso muchos días, pero es un proyecto para el futuro de la compañía. El objetivo de toda planificación estratégica es aumentar el rendimiento de los fondos propios, el rendimiento de la inversión o el capital invertido en la empresa.

Del mismo modo, serás mucho más eficaz cuando tengas un plan estratégico personal, pero en lugar de diseñar un plan para aumentar el rendimiento de tu capital, tu tarea consiste en aumentar el rendimiento de tu energía. Al igual que una empresa tiene capital financiero para invertir en el mercado, tú tienes capital humano para invertir en tu vida. Tu capital humano es mental, emocional y físico, y tu tarea consiste en obtener el mayor rendimiento posible de la inversión de este capital personal en los meses y años que inviertes en tu vida adulta.

> Serás mucho más eficaz cuando tengas un plan estratégico personal.

En cualquier sector hay personas que están haciendo prácticamente el mismo trabajo, pero ganan mucho más o mucho menos que los demás. Muchas veces me encuentro con dos personas que venden el mismo producto, en la misma oficina, en las mismas condiciones de competencia, a las mismas personas, a los mismos precios, pero una de ellas gana tres, cuatro, cinco, incluso 10 veces más que la otra, aunque no haya prácticamente ninguna diferencia de edad, educación, experiencia, inteligencia o cualquier otro factor. ¿Por qué?

Ya conoces parte de la respuesta: se debe a que la persona con más éxito hizo muchas pequeñas acciones para aumentar su probabilidad de éxito. La persona con menos éxito no lo hizo. Así como se cosecha lo que se siembra, no se cosecha lo que no se siembra. Si no lo inviertes, no lo obtienes. Si no desencadenas la acción, no obtienes la reacción.

Las personas mejor pagadas en Estados Unidos tienen, casi siempre, planes estratégicos personales. Estas personas están superorientadas hacia los objetivos. Saben exactamente lo que quieren. Tienen planes escritos, planos, esquemas e ideas para alcanzarlos. Cuanto más claro tengas lo que quieres, y más emocionado estés por conseguirlo, más activarás las leyes de la fe, la expectativa, la atracción, la correspondencia y la equivalencia mental, y más disfrutarás de la serendipia y la sincronicidad, y más se convertirá tu vida en una serie de circunstancias felices que te lleven hacia tu objetivo y acerquen tu objetivo hacia ti.

LA LEY DEL CONTROL

La ley del control es un factor clave de la suerte. Afirma que te sientes bien contigo mismo en la medida en que sientes que tienes el control de tu propia vida; te sientes mal contigo mismo en la medida en que sientes que estás controlado por fuerzas externas u otras personas. Existe una relación directa entre el alto rendimiento y la felicidad, por un lado, y la sensación de control en la vida, por otro. Cuanto más controlas lo que te ocurre, más te sientes artífice de tu destino y dueño de tu suerte. Cuanto más sientas que tienes el control de tu vida, más feliz, positivo, enérgico y centrado estarás.

> Existe una relación directa entre la felicidad y la sensación de tener el control de tu vida.

Si sientes que estás controlado por tu jefe, tus facturas, tu salud, tus relaciones, tu educación, tu etnia o cualquier otro factor, te sentirás fuera de control; te sentirás angustiado, negativo y enfadado; atacarás y culparás a otras personas de tus problemas; estarás resentido con la gente de éxito, y envidiarás a cualquiera al que le vaya mejor que a ti. Te abocarás al fracaso porque atraerás a tu vida las cosas negativas en las que piensas durante todo el día.

Los objetivos claros y por escrito te dan una sensación de control sobre la dirección del cambio en tu vida. Te dan la impresión de que estás en el asiento del conductor, de que tienes las manos en el volante, de que tu vida va hacia donde tú quieres que vaya. Cuanto más controlas tu vida, más positivo y optimista te vuelves. Cuanto más positivo te vuelvas y más claro tengas lo que quieres y hacia dónde vas, más activarás las leyes mentales en tu favor y más suerte parecerás tener.

LA LEY DEL PROPÓSITO

La ley del propósito dice que el secreto del éxito es la constancia en el propósito; todas las personas que realmente tienen éxito se caracterizan por la intensidad de su propósito. Si hay dos personas con aproximadamente las mismas capacidades y oportunidades, la que lo desea más intensamente es la que casi siempre tendrá más éxito. Tu tarea consiste en decidir lo que realmente quieres en cada área de tu vida. A continuación, concéntrate intensamente en ello como un rayo láser y no te desvíes, tardes lo que tardes en conseguirlo.

LA LEY DEL ACCIDENTE

Por otra parte, la ley del accidente es lo contrario de la ley del control. Afirma que no planificar es lo mismo que planificar el fracaso. La gente que vive según la ley del accidente cree que la vida es una serie de casualidades azarosas, como el lanzamiento de un dado o el giro de una ruleta. Creen que no se trata de lo que sabes, sino de a quién conoces, que no se puede luchar contra la burocracia. Las personas que viven según la ley del accidente compran lotería, van a los casinos, invierten en planes para hacerse ricas rápidamente, en acciones baratas y en cosas de las que no saben nada. Siempre esperan un golpe de suerte y nunca lo consiguen. Las personas que viven según la ley del accidente suelen ser quienes más envidian a los que viven con éxito según la ley del control.

Aunque la mayoría de la gente vive según la ley del accidente, puedes liberarte de ella en un instante. Al elaborar tu propio plan estratégico personal empiezas desde dentro y trabajas hacia fuera. Empiezas por el núcleo interno de tu ser, tus valores y convicciones más íntimos, y luego organizas todos los aspectos de tu vida exterior para que lo que haces en el exterior sea congruente con tus principios unificadores fundamentales.

LA LEY DE LA CLARIDAD

La ley de la claridad dice que cuanto más claro tengas lo que quieres, más rápido lo conseguirás. Tu capacidad para concentrarte en una sola cosa a la vez y seguir con ella hasta terminarla es un factor clave de la suerte. Aumenta la probabilidad de que se produzcan acontecimientos fortuitos que te ayuden a alcanzar sus objetivos.

Descubrí que las personas con objetivos son mucho más interesantes y optimistas que las que no los tienen. Todo el mundo quiere ser feliz, pero casi todas las personas infelices confiesan que no tienen objetivos. Este tipo de personas tienden a ser negativas e infelices y a quejarse continuamente de muchas cosas. Cuando alguien se queje de algún aspecto de su vida, puedes preguntarle simplemente: "¿Cuáles son tus objetivos?". Puede que digan que no están contentos con su trabajo, su matrimonio, su salud, sus relaciones o cualquier otra cosa, pero cuando les preguntas qué les gustaría ser, tener o hacer realmente, se quedan helados; no tienen ni idea. A veces se ofenden de que les hagas esa pregunta.

VALORES Y MISIÓN

¿Cuáles son tus valores? ¿En qué crees? ¿Qué defiendes? Y lo que es igualmente importante, ¿qué es lo que *no* defiendes? ¿Crees en la importancia de la honestidad, la sinceridad, la generosidad, la pasión, el cariño, el amor, el perdón y la verdad? ¿Crees en la importancia de la integridad, la excelencia personal, la creatividad, la libertad y la autoexpresión? ¿Crees en la amistad, la autodisciplina, el trabajo, el desarrollo personal y el éxito?

Tu capacidad para plantearte estas preguntas y responderlas por ti mismo es la clave de tu éxito. Es indispensable para encontrar exactamente lo que en realidad quieres y por lo que estás dispuesto a trabajar. No necesitas más de tres o cinco valores básicos; con esto es suficiente. Una vez que hayas seleccionado tus valores clave tienes que organizarlos por prioridades. ¿Cuál es el primero? ¿Cuál es el segundo? ¿Cuál es el tercero?

¿Cómo puedes saber cuáles son tus valores actuales? Es muy fácil. Siempre los expresas en tus acciones. Te dices a ti mismo y a los demás lo que realmente crees por lo que haces bajo presión. Cuando te ves obligado a elegir entre un camino u otro siempre vas en la dirección que es coherente con tu valor dominante en ese momento. Si una persona dice que "mi familia es mi valor más importante", significa que, cuando se vea obligada a elegir, siempre escogerá a su familia. Si una persona cree que la salud es su valor clave, siempre actuará para mantener la salud y el bienestar tanto de sí misma como de las personas que más le importan. No es lo que dices, deseas, esperas, pretendes o planeas hacer o ser algún día; es solo lo que dices y haces en cada momento lo que realmente indica tus valores y convicciones fundamentales.

En cuanto hayas determinado tus valores, pasa a tu visión y a tu declaración de misión. La primera es una descripción por escrito de cómo quieres que los demás te perciban en el futuro. Algunas personas sugieren que escribas tu propio obituario: lo que te gustaría que leyera un amigo de confianza junto a tu tumba.

La segunda es una descripción ideal de la mejor persona en la que podrías imaginar convertirte a lo largo de tu vida. Lo maravilloso de una declaración de visión es que una vez que la escribes, la lees y la revisas con regularidad, activa las leyes mentales, y comienzas a convertirte en el tipo de persona que imaginaste. Al escribir una declaración de la visión asumes la responsabilidad de dar forma a tu carácter y a tu destino. Recuerda que te conviertes en lo que piensas la mayor parte del tiempo. Si piensas en ti mismo como un ser humano excelente, con el tiempo te parecerás mucho a la persona en la que decidiste convertirte.

LA LEY DEL DESEO

La ley del deseo afirma que la única limitación de tus capacidades es lo mucho que desees algo. Tu deseo determina tu destino. El fuego del deseo determina tu constancia e intensidad de propósito. Una persona con un deseo ardiente de alcanzar un objetivo de cualquier tipo se encontrará automáticamente impulsada hacia él.

El deseo es el combustible de la ambición. El deseo es la fuerza de tu personalidad. La principal razón por la que la gente no consigue mucho es porque no se apasiona lo suficiente por lo que quiere ser, tener o hacer; no lo desea lo suficiente.

La única forma de tener un deseo intenso y ardiente por un objetivo concreto, personal o de otro tipo, es que este sea una expresión de tus verdaderos valores. Debe ser coherente con tu visión de la persona en la que realmente quieres convertirte en tu vida.

> La única limitación de tus capacidades es lo mucho que desees algo.

Por otra parte, tu misión es un poco diferente a tu visión. La primera es una declaración específica de lo que quieres lograr con tu vida en algún momento en el futuro. Tu declaración de la misión describe cómo quieres marcar la diferencia con tu vida.

La única forma de que esto ocurra es averiguar cómo vas a cambiar la vida de otras personas. Cuando a Albert Einstein le preguntaron sobre el propósito de la vida humana, respondió: "Debe ser servir a los demás; ¿qué otro propósito podría haber?". Una misión no solo es alcanzable, sino también mensurable. No es un vago conjunto de cálidas generalidades que hacen que la gente se sienta bien, pero que no pueden aplicarse o medirse en la práctica. Por ejemplo, la misión de AT&T era poner el teléfono al alcance de todos los estadounidenses. La empresa tardó casi 80 años en conseguirlo.

Tu misión podría ser algo del estilo de *soy un vendedor excepcional y profesional, estoy entre el 10% de los mejores de mi sector. Ofrezco la mejor cantidad y calidad de servicio, fiabilidad y honradez a cada cliente, y como resultado gano más de 150 000 dólares al año.*

Esta declaración de la misión indica el nivel que quieres alcanzar en tu campo, el tipo de trabajo que vas a llevar a cabo para conseguir ese nivel y cómo medirás la consecución de dicho objetivo.

TU LISTA DE DESEOS

Te voy a mostrar un ejercicio excelente. Toma una hoja de papel y escribe tu lista de deseos. Deja que tu mente vuele libremente. Imagínate que no tienes limitaciones. Imagínate que dispones de todo el tiempo, el dinero, los recursos, la inteligencia, la educación, la experiencia y los contactos del mundo. Imagínate que podrías hacer, ser o tener todo en tu vida.

Luego escribe todo lo que desearías en tu vida si no tuvieras ninguna limitación. Asegúrate de decidir lo que *es bueno para ti* antes de decidir lo que es *posible*. No caigas en la trampa del perdedor de dispararte en el pie pensando en todas las razones por las que no es posible antes incluso de empezar a escribir. Deja de lado por ahora la palabra posible y permítete soñar.

Los líderes en cualquier campo tienen visión. Se permiten soñar y ver una visión de lo que podría ser, en lugar de permitirse estancarse en lo que existe en el momento presente.

Cuando hayas terminado la lista de deseos toma otra hoja de papel y escribe la fecha actual en la parte superior. A continuación escribe al menos 10 objetivos que quieras alcanzar en los próximos 12 meses.

Este es uno de los ejercicios más poderosos que he aprendido. Cambió mi vida cuando empecé a utilizarlo hace muchos años. No estaba muy seguro de que funcionara cuando empecé a experimentar con él, pero lo único que me costó fueron unos minutos y un trozo de papel, y mi vida ha sido diferente desde entonces.

Cuando elaboras una lista de 10 objetivos que quieres lograr en los próximos 12 meses automáticamente pasas a formar parte del 3% de los mejores estadounidenses. Como solo el 3% de los estadounidenses adultos escribe alguna vez sus objetivos, te uniste a la élite por el mero hecho de escribir 10 cosas que quieres. Aunque lo único que hicieras fuera guardar esa hoja de papel en algún lugar durante un año, toda tu vida sería diferente. Al cabo de 12 meses, cuando abrieras esa hoja de papel, te asombrarías al ver que el 80% de los 10 objetivos se había alcanzado de las formas más notables. De hecho, probablemente verías ejemplos de sincronicidad y serendipia detrás de la consecución de cada uno de esos objetivos. Verías una notable cadena de coincidencias interconectadas que nadie podría predecir ni planificar. Tendrías logrado el 80% de tus 10 objetivos de formas que ahora ni siquiera puedes imaginar.

TU PROPÓSITO PRINCIPAL DEFINIDO

El siguiente ejercicio consiste en tomar esa lista de 10 objetivos y repasarla, preguntándote: "¿Qué objetivo, si lo logro, tendría el mayor impacto positivo en mi vida?". Encierra ese objetivo en un círculo y escríbelo en la parte superior de otra hoja de papel. Este se convertirá en tu principal objetivo definido por el momento.

Recuerda que la ley del propósito dice que el secreto del éxito es la constancia en el propósito. Si escribes 10 objetivos, al elegir el más importante y decidir que sea tu principal objetivo definido pasarás a formar parte del 1% de los estadounidenses que lo hace actualmente.

Debajo de tu objetivo, en esa hoja de papel, escribe todas las acciones que se te ocurran que podrías hacer ahora o en el futuro para alcanzar ese objetivo. Es un ejercicio muy importante. Cuantas más cosas escribas que puedan ayudarte a conseguir tu objetivo, más empezarás a creer que es posible para ti.

Cuando escribas el objetivo por primera vez, puede que tengas muchas esperanzas, pero es probable que te muestres escéptico sobre tu capacidad para conseguirlo. Cuando escribes todas las cosas diferentes que podrías hacer para lograr tu objetivo, empezando hoy mismo, empiezas a ver tu objetivo bajo una luz totalmente nueva. A medida que escribes una idea tras otra, vas introduciendo el objetivo cada vez más profundamente en tu subconsciente; empiezas a creer que es posible para ti.

A medida que vas haciendo distintas cosas de tu lista empiezas a esperar que avanzarás hacia tu objetivo. Al activar la ley de la atracción atraes a tu vida personas y circunstancias que te ayudan a conseguir tu objetivo. Ves ejemplos de sincronicidad en los acontecimientos y circunstancias que te rodean. Sientes que tienes un mayor control de tu vida. Activas tu corteza reticular y desarrollas una intensa sensibilidad y conciencia hacia las personas y posibilidades que te rodean y que pueden ayudarte a conseguir ese objetivo. Te sientes más alerta, consciente y vivo, tienes más energía y concentración, eres más claro y positivo, y todo lo que necesitas es un trozo de papel y unos minutos de tu tiempo.

Hay muchas diferencias entre los ganadores y los perdedores. El perdedor siempre oye un consejo y pregunta: "¿Y si no funciona?". Pero esa es la pregunta equivocada. La pregunta correcta que debes hacerte es: "¿Y si funciona?".

Si no funciona, solo te costará un trozo de papel (pero tendrías que ser una persona extremadamente negativa para impedir que este ejercicio funcione a pesar tuyo). Sin embargo, el hecho es que funciona, y más rápido de lo que podrías imaginar.

LA LEY DE LA ACELERACIÓN

Un asesor financiero asistió a mi seminario en Phoenix un sábado por la mañana. Voló de vuelta a Houston esa tarde. El jueves siguiente llamó por teléfono a mi despacho y habló con mi secretaria. Luego me escribió una carta en la que contaba con cierto detalle lo que había hecho después de abandonar el seminario. Esto es lo que le ocurrió.

Me dijo que había oído hablar muchas veces de los objetivos, pero que nunca se le había ocurrido escribirlos. Decidió que a partir de mi recomendación escribiría 10 objetivos para los 12 meses siguientes, y así lo hizo. Me dijo que el domingo a las siete de la tarde, en menos de 48 horas, ya había conseguido cumplir cinco de los 10 objetivos de un año que se había fijado (y eran tanto objetivos económicos como familiares). Rápidamente escribió cinco objetivos más, de modo que tenía una nueva lista completa de 10 objetivos.

El jueves a las cinco de la tarde, cuando llamó a mi despacho cuatro días después, ya había logrado cinco más de los puntos de su nueva lista. En su carta escribió: "Puedo decir sinceramente que he conseguido más en seis días con objetivos claros y escritos de lo que esperaba conseguir en todo un año. Me sorprendió muchísimo".

El proceso de establecimiento de objetivos se reduce a las acciones específicas que vas a emprender ahora, hoy y cada día para alcanzar tus objetivos. Una vez que los tengas escritos, puedes utilizar una serie de poderosas técnicas mentales para acelerar el progreso hacia tus objetivos y hacer que avancen más rápidamente hacia ti.

La ley de la aceleración se aplica a casi todos los grandes objetivos que te propongas. Afirma que aquello hacia lo que te mueves también se mueve hacia ti; lo semejante atrae a lo semejante. En cierto modo, es un corolario de la ley de la atracción, pero con una diferencia importante: cuando empieces a avanzar hacia tu objetivo te sentirás frustrado por lo lento que parece. Cuanto mayor sea tu objetivo, más lejano te parecerá. Tendrás que trabajar mucho tiempo antes de ver algún progreso, pero todo esto forma parte del proceso para lograr los objetivos.

> Aquello hacia lo que te mueves también se mueve hacia ti; lo semejante atrae a lo semejante.

La norma de 20/80 se aplica a la ley de la aceleración. Dice que en el primer 80% del tiempo que estás trabajando para alcanzar tu objetivo solo cubrirás aproximadamente el 20% de la distancia. Sin embargo, si sigues avanzando, lograrás el 80% final de tu objetivo en el último 20% del tiempo que dediques a trabajar para conseguirlo.

Muchas personas trabajan durante semanas, meses e incluso años para conseguir un gran objetivo y ven muy pocos progresos. Se desaniman y abandonan. Pero no se dan cuenta de que habían sentado todas las bases necesarias; estaban casi en el punto de despegue en el que empezarían a avanzar a una velocidad extraordinaria hacia su objetivo y su objetivo empezaría a avanzar a una velocidad extraordinaria hacia ellos.

Toma tus objetivos principales y escríbelos como afirmaciones positivas en primera persona, en tiempo presente, en varias fichas de 3 × 5. Es un ejercicio increíblemente poderoso. Es como pisar a fondo el acelerador de tu vida. Por ejemplo, podrías escribir "peso 68 kilos" en una tarjeta; "gano 150 000 dólares al año" en otra, y "hablo inglés con fluidez" en otra.

Sean cuales sean tus objetivos, escríbelos en letras grandes en fichas de 3 × 5 y llévalas contigo. Lee y relee estas tarjetas de objetivos cada mañana y cada noche al levantarte y antes de acostarte. Mientras las lees, visualiza cada objetivo como si ya se hubiera alcanzado. Hazte una imagen mental clara de tu objetivo como una realidad. Visualízalo tan vívida y claramente como puedas. Y aquí está el truco: combina la imagen mental de tu objetivo con la sensación que esperarías disfrutar si tu objetivo ya fuera una realidad.

Mientras creas una imagen mental del hermoso carro que quieres manejar, crea el sentimiento de orgullo, felicidad, satisfacción y placer que disfrutarías en esos momentos. Muchos de los mejores vendedores me contaron que usaron este ejercicio visualizándose como el mejor vendedor de la empresa y ganando el premio en la convención nacional de ventas. Se visualizaban e imaginaban subiendo al escenario y recibiendo el premio de manos del presidente de la empresa. Escucharon al público. Crearon el sentimiento de orgullo y satisfacción del que disfrutarían cuando obtuvieran ese premio. Estas personas se convirtieron, en repetidas ocasiones, en los mejores vendedores de sus organizaciones.

LA LEY DE LA CONCENTRACIÓN

Otro factor de la suerte increíble está en el principio de atención, o la ley de la concentración. Esta ley afirma que aquello sobre lo que reflexionas crece y aumenta en tu vida. Cuanto más pienses, hables, visualices y te emociones sobre un objetivo deseado, más trabajará tu capacidad mental para atraerlo hacia ti y para atraerte hacia él. Cuanto más claros tienes tus objetivos, cuanto más los escribes y reescribes, cuanto más los planificas y trabajas en ellos, más activas todos tus poderes mentales para crear un campo de fuerza de energía que hace que te sucedan cosas maravillosas. Atraes oportunidades y posibilidades asombrosas que otras personas consideran suerte.

> Aquello sobre lo que reflexionas crece y aumenta en tu vida.

El hecho de que estés leyendo este libro significa que ya te encuentras entre el 10%, quizás el 5, de las mejores personas que vive hoy en día. Estás entre lo que se ha llamado "la décima parte con talento". Eres miembro de la élite. Eres el tipo de persona que está aprendiendo y creciendo constantemente. Estás en una clase especial. Estás en el círculo de los ganadores. No importa dónde estés en la vida ni cuánto ganes hoy; lo único que importa es adónde vas.

El compromiso que estás adquiriendo con tu vida y tu futuro es el indicador más seguro de dónde vas a estar dentro de unos años. Si sigues en la misma dirección en la que vas ahora, conseguirás cosas extraordinarias, y nada podrá detenerte. Llegarás a ser conocido como una de las personas más afortunadas de tu mundo.

CLAVES PARA ESTABLECER OBJETIVOS

1. El más importante de todos los factores de la suerte es saber exactamente lo que quieres.

2. Tus expectativas dan forma a todos los acontecimientos y situaciones de tu vida.

3. No importa de dónde vengas. Lo único que importa es a dónde vas.

4. El principio de sincronicidad dice que ocurrirán cosas que no tienen una relación directa de causa y efecto. Muchas veces los acontecimientos no están relacionados por la causalidad, sino por el significado.

5. Un plan personal estratégico es clave para tu éxito.

6. Unos objetivos claros y por escrito te dan una sensación de control sobre la dirección de tu vida.

7. Redacta tus objetivos principales como afirmaciones positivas en primera persona y en tiempo presente en distintas fichas de 3 × 5.

Capítulo 3

Conocimiento: la clave del poder y del éxito

Hoy hay una carrera. Estás en ella, y la única cuestión es si vas a ganar o a perder. Depende de ti. Tu ventaja es que la gran mayoría de las demás personas no se dan cuenta de que están en una carrera hacia la meta. Y o no saben competir, o no son conscientes de lo importante que es ganar. Fueron necesarios 6 000 años de historia para que el hombre pasara de la era agrícola a la industrial, que comenzó hacia 1760. En 1950 la mayoría de los empleados de los países avanzados eran trabajadores industriales. Pero en 1960 la era industrial había terminado, y habíamos entrado en la era de los servicios. Había más personas prestando servicios que en la industria manufacturera. A finales de los setenta habíamos entrado en la era de la información.

En el siglo XXI estamos en la era de las comunicaciones. Ahora hay más gente empleada en comunicar información, ideas, entretenimiento, noticias o educación que en ningún otro sector. Hemos pasado de la fuerza muscular a la fuerza mental, de la fuerza bruta a la fuerza cerebral. Durante el resto de tu vida el contenido de conocimientos de todo lo que hagas va a determinar la calidad y la cantidad de tu trabajo y de tu vida.

LA PROLIFERACIÓN DE LA INFORMACIÓN

Según la ley de Moore, la capacidad de procesamiento de la información se duplica cada 18 meses y su coste se reduce a la mitad en el mismo periodo. Lo que esto significa es increíble. Si el coste de un automóvil Lexus nuevo hubiera seguido el ritmo del coste de la capacidad informática, un Lexus nuevo costaría hoy dos dólares, recorrería 1 100 kilómetros con un galón de gasolina y viajaría a 800 kilómetros por hora. De hecho, un Lexus nuevo tiene hoy más sistemas informáticos que el Apolo 13, que fue el cohete lunar más avanzado de su época. En un automóvil nuevo de hoy se gasta más dinero en electrónica que en acero.

Hemos entrado en la era de la información, en la que el conocimiento es la principal fuente de valor, tan rápido que la mayoría de las principales instituciones de la sociedad aún no se han puesto al día o no se han dado cuenta. Las instituciones financieras actuales, especialmente los bancos, están desconcertadas por el hecho de que una fábrica de 100 millones de dólares pueda quedar obsoleta con un cambio tecnológico en tan solo 18 meses.

El poder del cerebro puede utilizarse de infinitas formas para crear riqueza, prácticamente sin invertir en activos fijos. Hoy en día, cuando una institución financiera pide una garantía, no tiene forma de medir el hecho de que los activos más valiosos de la compañía están entre las orejas de las personas que trabajan ahí. Toda la organización podría arder hasta los cimientos mañana, y los cerebros podrían cruzar la calle y empezar de nuevo en unas horas.

> Actualmente, el conocimiento es la principal fuente de valor.

LA VENTAJA GANADORA

Es posible que hayas oído hablar del concepto de la ventaja ganadora. Afirma que pequeñas diferencias en conocimientos y habilidades pueden dar lugar a enormes diferencias en los resultados. Un pequeño dato del que dispongas tú y carezcan tus competidores puede ser todo lo que necesites para obtener la ventaja ganadora.

Un ejemplo son las carreras de caballos. Si un caballo llega primero por una cabeza, gana 10 veces más que el que llega segundo. ¿Significa esto que el caballo ganador es 10 veces más rápido? ¿Dos veces más rápido? ¿Un 10% más rápido? No. El caballo que gana solo es una cabeza más rápido. Pero eso se traduce en un premio en metálico 10 veces mayor.

En un mercado competitivo, cuando una compañía consigue una venta, suele ser únicamente un poquito mejor que la de la compañía que la pierde, pero la que gana consigue el 100% de la venta y el 100% de los beneficios. ¿Acaso esta compañía es un 100% mejor que la que perdió el trato? No. Solo consiguió una ventaja ganadora, pero eso es lo que marca la diferencia.

Otro factor clave de la suerte es la ley de la complejidad integradora. Esta ley dice que, en cada grupo, quien pueda integrar la mayor cantidad de información se elevará y dominará a todos los demás de ese grupo. Dicho de otro modo, cuantos más conocimientos y experiencia tenga una persona, más patrones podrá reconocer y actuar en función de ellos en cualquier conjunto de circunstancias. La persona con mayor capacidad para reconocer patrones siempre ascenderá a la cima de cualquier organización, porque su contribución será de mayor valor y tendrá mayor impacto que la de cualquier otra persona.

Los mejores vendedores tienden a seguir siéndolo. ¿Por qué? Porque han trabajado muchas semanas, meses y años para ser cada vez más hábiles en la venta de productos cada vez más competitivos a clientes cada vez más sofisticados y exigentes. En consecuencia, al igual que los corredores que adquieren una ventaja y la aumentan a medida que avanza la carrera, los mejores vendedores van por delante, a menudo muy por delante de sus competidores. Esto se debe a que han estado expuestos a más y más patrones en ventas cada vez más complejas y variadas. Esto les permite vender cada vez más. Como ya oíste, nada tiene más éxito que el éxito.

A medida que el conocimiento en tu campo se expande más rápidamente, tu acervo de conocimientos se queda obsoleto con mayor velocidad. Si hicieras un viaje alrededor del mundo en catamarán y te ausentaras uno o dos años, al volver te darías cuenta de que quizás el 50% de todos los conocimientos que habías acumulado y que justificaban tu salario y tu puesto ya no te serviría para nada.

Es cierto que en algunos campos el ritmo de obsolescencia de los conocimientos es mucho más rápido que en otros. Los conocimientos en un campo que cambia lentamente pueden tardar 10 o 20 años, o incluso más, en quedar obsoletos. Sin embargo, los conocimientos de un agente de bolsa sobre precios, posiciones en el mercado, tipos de interés, dinámica económica y otros factores pueden quedar completamente obsoletos en unas semanas o incluso en unos días. Un acontecimiento político puede hacer que el conocimiento acumulado sobre cómo van a resultar unas elecciones quede obsoleto de la noche a la mañana.

El futuro pertenece a los competentes. No pertenece a los bienintencionados, los sinceros o los meramente ambiciosos; pertenece a los que son muy buenos en lo que hacen. Hay un viejo dicho que dice que los ricos se hacen más ricos y los pobres más pobres. Hoy, sin embargo, no es una competición entre los que tienen más y los que tienen menos; es entre los que saben más y los que saben menos.

> El futuro no pertenece a los bienintencionados, los sinceros o los meramente ambiciosos. Pertenece a los que son muy buenos en lo que hacen.

Las diferencias más significativas de ingresos en Estados Unidos se dan entre quienes han aumentado continuamente sus niveles de conocimientos y habilidades y quienes no lo han hecho. Para ganar más, debes aprender más. Actualmente estás al máximo de tu nivel de conocimientos y habilidades. Si quieres aumentar tus ingresos y tu capacidad de ganar dinero, tienes que aprender más información e ideas nuevas y valiosas que puedas aplicar en el mercado para crear valor. A menudo se dice que el conocimiento es poder. El hecho es que solo el conocimiento aplicado es poder. Solo el conocimiento que puede utilizarse para obtener un beneficio por el que alguien pagará es poder en el mercado actual. ¿Y cómo se evalúa un conocimiento? Muy sencillo. Un conocimiento valioso aumenta tu capacidad de obtener resultados para otras personas.

En las universidades se enseña una enorme cantidad de conocimientos que son verdaderos, pero inútiles en el mundo real. Los licenciados universitarios suelen sorprenderse al descubrir que han pasado tres o cuatro años aprendiendo sobre temas que a pocos les interesan. Por eso el 80% de los licenciados universitarios se encuentra trabajando fuera de su campo de estudio a los dos años de salir de la universidad.

LA LEY DEL DESARROLLO PERSONAL

Como dije antes, yo empecé con muy pocas ventajas en la vida, pero sí tenía algo: me gustaba leer. Con el tiempo me enganché a la lectura y al aprendizaje. Con los años descubrí que prácticamente todas las personas exitosas de Estados Unidos que empezaron sin nada y ascendieron lo hicieron gracias a su compromiso con el desarrollo y el crecimiento personales.

La ley del desarrollo personal afirma que puedes aprender cualquier cosa que necesites aprender para alcanzar cualquier objetivo que te propongas. Es una de las grandes leyes del éxito. Significa que no hay límites a lo que puedes lograr. Si tienes claro cuál es tu objetivo, podrás identificar los conocimientos que necesitas para alcanzarlo. Al adquirir esos conocimientos, la consecución de tu objetivo se hace inevitable.

Imagínate: puedes empezar sin nada más que un intenso deseo de tener éxito y, mediante el autoestudio y el desarrollo personal, puedes aprender todo lo que necesites para alcanzar cualquier objetivo que te propongas. El 90% de todas las fortunas actuales se sigue haciendo en negocios normales, vendiendo productos y servicios establecidos en mercados establecidos a clientes establecidos. Todo lo que realmente necesitas para crear una fortuna es una idea que sea un 10% nueva —un nuevo conocimiento, un nuevo enfoque, una nueva percepción— y la voluntad y la capacidad de aplicarla en el mercado, y podrás convertirte en un gran éxito en nuestro sistema económico. Abraham Lincoln escribió una vez: "Estudiaré y me prepararé, y algún día llegará mi oportunidad".

La suerte se da cuando la preparación se encuentra con la oportunidad. Mucha gente espera sentada un golpe de suerte, pero la gente no solo los tiene. Los crea preparándose tan concienzudamente para la oportunidad que, cuando llega, está lista para aprovecharla y correr con ella. El orador inspirador Earl Nightingale dijo una vez: "Si llega tu oportunidad y no estás preparado para ella, solo parecerás tonto". Pero por la ley de atracción, cuando te prepares, atraerás a tu vida la oportunidad de utilizar tus conocimientos y habilidades al nivel para el que estés preparado.

> La suerte se da cuando la preparación se encuentra con la oportunidad.

LA LEY DE LOS TALENTOS

La ley de los talentos dice, citando al orador motivacional Jim Rohn, que si desarrollas tus talentos, ellos se abrirán camino hacia ti. Nunca desarrollarás un talento o habilidad útiles sin que tarde o temprano tengas la oportunidad de aplicarlo a algún buen fin. Atraerás a tu vida a las personas, las circunstancias, las oportunidades y los recursos necesarios para aplicar el talento que tanto te costó desarrollar.

La ley de la variedad, aplicada a las ideas, afirma que tu éxito vendrá determinado por la calidad y la cantidad de ideas que puedas generar para mejorar tus circunstancias. Estas ideas son las claves del futuro; son la fuente primaria de valor; son la cereza del pastel. Pero las ideas en sí mismas no tienen valor. Lo que le añade valor es tu capacidad para tomar una idea y ejecutarla de tal modo que consigas una mejora valiosa.

Siempre me sorprendo cuando la gente intenta venderme su nueva idea. Les pregunto de qué se trata. Me dicen que no pueden contármelo hasta que haya pagado por ella. Les explico que sus ideas no tienen valor por sí mismas, porque 99 de cada 100 ideas no funcionan, y la única idea que funciona solo tiene valor cuando se combina con otras ideas y recursos para conseguir algún fin que merezca la pena.

TU VENTAJA POR CONOCIMIENTO

En lo que respecta al conocimiento, tienes una clara ventaja. La gran mayoría de la gente va a la deriva sin ser consciente de que sus conocimientos son limitados, y que cada día están más obsoletos. Pasan la mayor parte del tiempo socializando en el trabajo y en casa, viendo la televisión y viviendo una vida lo más sencilla posible. Sin embargo, la pequeña minoría inteligente como tú, que se da cuenta de que estamos en una carrera por el conocimiento útil, tiene las de ganar. Ya vas por delante del pelotón, porque te das cuenta de lo que tienes que hacer para llegar a lo más alto en tu campo. Si quieres saber la altura del nuevo edificio de oficinas que van a construir, puedes saberlo mirando a qué profundidad cavan los cimientos. Eso determina la altura a la que se puede levantar la estructura. Pero una vez terminado el edificio, los propietarios no pueden volver atrás y añadir otras 20 o 30 plantas cavando los cimientos a mayor profundidad. Es demasiado tarde para eso.

LA BASE INTELECTUAL

El mismo principio puede aplicarse a ti. Puedes saber lo alto que te elevarás en la vida por lo profundo que caves en tu fundación intelectual. Y puedes aumentar continuamente la altura de la estructura de tu vida personal si aumentas constantemente la profundidad de tu conocimiento y comprensión; prácticamente no hay límites. Atraes la buena suerte por la calidad de tu pensamiento, y esta última viene determinada por tu compromiso con la formación continua. Cuanto más empapes tu mente de nuevos conocimientos, nuevas percepciones, nuevas ideas y nueva información, más se estimulará y magnetizará tu mente para atraer todo tipo de oportunidades y posibilidades que te ayuden a alcanzar tus objetivos y a vivir una gran vida.

> Puedes saber lo alto que te elevarás en la vida por
> lo profundo que caves en tu fundación intelectual.

La clave para expandir tu conocimiento es la lectura. Es posible que no todos los lectores sean líderes, pero todos los líderes son lectores. ¿Tú cuánto lees? Los estadounidenses mejor pagados leen una media de dos a tres horas al día. Los peor pagados no leen en absoluto. Según la American Booksellers Association, el 80% de las familias estadounidenses no compró un solo libro durante el año pasado, el 70% de los adultos estadounidenses no ha entrado en una librería en los últimos cinco años y el 58% de los adultos nunca volvió a leer un libro tras salir de la secundaria, y eso incluye 42% de graduados universitarios. Según *USA Today*, el nivel de lectura del 43.6% de los adultos estadounidenses está por debajo de séptimo grado. A todos los efectos, esto significa que son analfabetos funcionales. El 50% de los graduados de secundaria no sabe leer su diploma de graduación ni rellenar un formulario de solicitud de empleo en McDonald's. Muchas grandes compañías que publican anuncios buscando continuamente personas cualificadas se ven obligadas a rechazar al 95% de todos los solicitantes porque carecen de las capacidades básicas de lectura.

En 2022 en Estados Unidos se gastaron 25.8 mil millones de dólares en la industria cinematográfica. Si miras a tu alrededor, verás estrellas de cine y noticias sobre la industria cinematográfica en cualquier periódico o revista. Son el tema constante de las noticias y el entretenimiento. Es como si estuviéramos rodeados e inmersos en una cultura cinematográfica. Lo que probablemente no sepas es que en 2022 los estadounidenses se gastaron más de 29 000 millones de dólares en libros. Compraron unos 900 millones de libros de diversas fuentes. De hecho, esta era del conocimiento ha sido bautizada como la era del libro.

Si entras en casa de una persona rica ¿qué es lo primero que ves? Una biblioteca. Cuanto más rica es la persona y más grande es su casa, más probable es que tenga una biblioteca grande. Si entras en la casa de una persona pobre ¿qué es lo primero que ves? Exacto: la televisión más grande que puedan permitirse.

¿Es que la gente se hizo rica y luego compró los libros? ¿O compraron los libros, los leyeron y luego se enriquecieron? Creo que la respuesta está clara. Tenía un amigo que terminó el bachillerato sin aprender a leer. Se enfadó al ver que los únicos trabajos que podía conseguir eran de obrero con el salario mínimo: cavar zanjas, plantar árboles y barrer el suelo. Venía de un buen hogar y de un buen barrio, pero todo lo que conseguía eran trabajos sin futuro. Todos sus amigos que acabaron la preparatoria sin aprender a leer estaban en la misma situación.

Tras año y medio de este frustrante trabajo acudió a mí y me pidió consejo. Le dije que necesitaba mejorar su educación. Me dijo que en realidad no le gustaba leer; leer grandes párrafos le cansaba. Le dije que era mejor que fuera a una universidad pública y siguiera un curso de lectura. Se resistía a hacerlo, pero se resistía aún más a seguir trabajando como obrero. Así que fue a un colegio universitario en horario nocturno durante dos años. Aprendió a leer con soltura. Después solicitó plaza en una escuela técnica y se graduó en electrónica biomédica. Tardó dos años más en graduarse. Pero enseguida lo contrató una gran empresa de suministros hospitalarios para vender instrumental médico a hospitales y clínicas. Cinco años después ganaba un buen sueldo, tenía casa, carro y una vida estupenda. Más tarde me dijo que el consejo de aprender a leer y mejorar su educación fue el punto de inflexión de su carrera.

Estas son algunas claves para actualizar tus conocimientos a través de la lectura. Me funcionaron a mí y a miles de otros líderes muy bien pagados en sus sectores. Los mejores libros para leer son los escritos por hombres y mujeres que trabajan activamente en sus campos. Son libros escritos por expertos, por profesionales de su oficio. Aléjate de los libros escritos por profesores universitarios y consultores de gestión. Estas personas no suelen tener el conocimiento profundo que se obtiene trabajando todo el día, año tras año, en un campo concreto.

Puedes comprar un libro lleno de ideas que otra persona tardó 20 años en aprender y sobre las que luego escribió. Por el precio de un libro, puedes obtener los conocimientos que al autor le costó años y miles de dólares acumular.

> Por el precio de un libro, puedes obtener los conocimientos que al autor le costó años y miles de dólares acumular.

UNA BUENA IDEA PUEDE CAMBIARTE LA VIDA

Todo lo que necesitas es una buena idea para cambiar el curso de tu vida. Todos los problemas que puedas tener ya los resolvió alguien en algún lugar. Esa solución está escrita en un libro o en una revista, y está a tu disposición si eres capaz de encontrarla. Pero si existe una idea que puede ahorrarte miles de dólares y años de duro trabajo y no la tienes, es como si no existiera. Por eso la gente de éxito bombardea continuamente su mente con nueva información y nuevas ideas. Puede que estés expuesto a un centenar de ideas antes de dar con la que necesitas en ese momento. Se necesita una gran cantidad de ideas para encontrar una o dos ideas de calidad.

Arma tu propia biblioteca; compra tus propios libros; no los saques de la biblioteca para devolverlos después. Subraya los puntos clave con una pluma de color o un marcador fluorescente. Haz que los libros sean de tu propiedad. Cuando yo empecé a comprar y subrayar mis propios libros me di cuenta de que podía tardar varias horas en leer un libro la primera vez, pero luego podía leer todos los puntos clave en menos de una hora. Ahora leo rápidamente un libro y dicto las ideas más valiosas para transcribirlas y revisarlas más tarde.

EL MÉTODO OPIR

La lectura rápida es una habilidad que puedes y debes aprender. Te voy a mostrar un método sencillo que puede duplicar o triplicar la velocidad a la que lees cualquier libro. Se basa en el método OPIR. Estas cuatro letras significan, por sus siglas en inglés, visión general (*overview*), vista previa (*preview*), a la vista (*in view*) y revisión (*review*). Esta técnica se usa de la siguiente forma.

Antes de sumergirte en un libro, comienza con una visión general. Lee la portada y la contraportada. Lee la biografía del autor y asegúrate de que sea una persona que sabe de lo que habla. Lee el índice y pregúntate si esas ideas te interesan. Lee por encima el apéndice y la bibliografía para ver qué fuentes de información empleó el autor. Si el libro te da buena espina y crees que tiene algún valor para ti, pasa a la siguiente fase.

La segunda etapa de la lectura rápida es la de vista previa: toma el libro y hojéalo de principio a fin, página a página. Lee los títulos de los capítulos y los encabezados de los párrafos. Fíjate en las gráficas, las tablas y los diagramas. Lee las primeras líneas de todos los párrafos que puedas, y lee un par de párrafos para hacerte una idea del estilo del autor. Decide si te sientes cómodo o no con el libro y si disfrutas de la forma en la que el autor se expresa. Uno de los mejores métodos para ahorrar tiempo es decidir con antelación que el libro no tiene el valor suficiente para que pases muchas horas leyéndolo.

Si después de la visión general y la vista previa tienes ganas de leer el libro, pregúntate: ¿por qué? Esta pregunta te obliga a pensar qué puedes obtener del libro y cómo puedes aplicarlo a tu vida. Esto se llama leer a propósito. Cuanto más relevante y aplicable sea la información, más probabilidades tendrás de recordarla cuando hayas terminado.

La tercera etapa de la lectura es a la vista. Si estás leyendo un libro de no ficción, comienza con el capítulo que te resulte más interesante y detente si no te apetece continuar. A veces incluso un libro excelente solo tendrá uno o dos capítulos que te resulten relevantes en este momento. Si la información no te resulta útil de inmediato, la olvidarás de todos modos, así que… ¿para qué leerla entonces? A medida que avanzas con la lectura a la vista, haz tantas anotaciones como sea posible, subraya las frases y oraciones clave y usa signos de exclamación, estrellas y comillas en los márgenes. Rodea las ideas principales; haz que sea fácil regresar y encontrar aquello que te pareció más importante.

La última fase del método OPIR es revisar el libro. Sin importar lo inteligente que seas, tienes que repasar los puntos clave tres o cuatro veces antes de que se te queden grabados en la memoria. Pero una vez que has marcado bien un libro, puedes hojearlo rápidamente en tan solo una hora y captar toda su esencia.

CÓMO ENCONTRAR LOS MEJORES LIBROS

¿Dónde puedes conseguir los mejores libros sobre negocios? Es fácil. Únete a uno de los clubes de libros de empresa que se anuncian en las revistas de negocios, consigue gratis los libros que ofrecen a un precio reducido y añádelos a tu biblioteca comprando uno o dos de sus seleccionados cada año. En poco tiempo serás una de las personas mejor informadas de tu círculo.

También puedes suscribirte a Soundview Executive Book Summaries. Es una organización que resume cada mes dos o más libros de negocios. Contratan a profesionales que condensan los puntos clave del libro en un formato fácilmente legible de cuatro a ocho páginas. Puedes mantenerte al día de lo mejor que se está escribiendo para empresarios recibiendo una sinopsis clave de estos libros cada mes. He obtenido muchas ideas estupendas de estos resúmenes sin tener que leer los libros enteros.

Para ampliar tus conocimientos actuales es importante que te suscribas a las revistas y publicaciones clave de tu campo. Si te dedicas a los negocios, deberías suscribirte a *Fortune* y *Forbes*. Si te dedicas a las ventas, suscríbete a las revistas *Success, Selling* y *Personal Selling*. Si te dedicas a la alta dirección, deberías suscribirte a *Harvard Business Review* y quizás a *MIT Sloan Management Review*.

La mejor forma de saber qué leer es preguntar a las personas con más éxito en tu campo. ¿Qué libros recomendarían más? ¿Qué revistas les gustan y leen con más frecuencia? Por la ley de causa y efecto, si lees lo que leen los mejores pronto sabrás lo que saben los mejores, y desarrollarás una ventaja ganadora en tu campo.

En las revistas utiliza el método de arrancar y leer para ahorrar tiempo. Ve al índice y rodea con un círculo los artículos que consideres importantes para ti. Ve directamente a esos artículos y arráncalos. Tira el resto de la revista. Mete los artículos arrancados en una carpeta y guárdala en tu maletín. Cuando tengas un momento, sácala y repasa los artículos con una pluma roja o un marcador fluorescente.

Hay dos tipos de lectura: la lectura de mantenimiento y la lectura de crecimiento. La primera son las publicaciones que te mantienen al día en todo lo relacionado con tu campo. La segunda, sin embargo, son los libros que aumentan tu conocimiento y comprensión en tu campo. Te permiten crecer, en lugar de simplemente mantenerte.

> La mejor forma de saber qué leer es preguntar
> a las personas con más éxito en tu campo.

APRENDIZAJE EN AUDIOS

Escucha programas de formación en audio en el carro y cuando estés haciendo ejercicio. El propietario medio de un carro en Estados Unidos maneja entre 20 000 y 40 000 kilómetros al año. Esto quiere decir que pasas de 500 a 1 000 horas en el carro cada año. Usa bien este tiempo. Convierte tu automóvil en una máquina de aprendizaje, una universidad sobre ruedas. Cuando viajas de día no estás de vacaciones. No te puedes permitir el lujo de manejar escuchando la radio o música; es tiempo de trabajo. Debes mantener la mente totalmente ocupada bombardeándola constantemente con nuevas ideas y conceptos.

Puedes conseguir el equivalente de tres a seis meses de semanas de 40 horas, o de uno a dos semestres universitarios a tiempo completo cada año, simplemente escuchando programas de audio en tu coche. Puedes convertirte en una de las personas más inteligentes y mejor pagadas de tu campo si aprovechas al máximo los audios.

Para ampliar tus conocimientos, asiste a todos los cursos y seminarios que puedas. Recuerda que el perdedor siempre pregunta "¿cuánto cuesta?", mientras que el ganador pregunta "¿cuánto vale?". Acude a cursos que impartan expertos que estén ejerciendo en sus campos. Haz los cursos que sean más relevantes y de utilidad más inmediata para ti. Cuanto más rápido puedas aplicar una nueva información, más probabilidades tendrás de aprenderla y retenerla de por vida.

Recuerda que una buena idea es todo lo que necesitas para tener ventaja en una situación competitiva. Y los cursos y seminarios que se ofrecen actualmente están repletos de buenas ideas. Suelen impartirlos autoridades altamente cualificadas, que reúnen mucha información valiosa en poco tiempo. Muchas personas que conozco han duplicado y triplicado sus ingresos tras asistir a un solo seminario.

> Una buena idea es todo lo que necesitas para tener
> una ventaja competitiva.

No puedes permitirte el lujo de evitar el aprendizaje continuo. Absorbe nuevas ideas como una esponja. Asiste a ferias, convenciones y exposiciones, sobre todo a las que sean relevantes para tu campo. He dado charlas en innumerables convenciones anuales y reuniones de asociaciones a lo largo de los años. He comprobado que los mejores y mejor pagados de sus sectores siempre están en esas convenciones. Recorren las salas de exposiciones y están en las primeras filas de las principales conferencias. Debes hacer lo que hacen los mejores si quieres ser uno de ellos.

Cualquier mejora en tu vida se debe a que tu mente chocó con una idea nueva. Tu tarea consiste en aumentar la probabilidad de que te choque con la idea adecuada en el momento oportuno. Para ello, ponte deliberadamente en el fuego cruzado de las ideas y las percepciones.

PIDE CONSEJO

Por último, una de las cosas más importantes que puedes hacer para llegar a lo más alto en tu campo en la era de la información es pedir consejo y opiniones a la gente. Pídeles que te recomienden libros, programas de audio y cursos, o respuestas a preguntas y soluciones a problemas. Un buen consejo de alguien que haya tenido una experiencia similar puede ahorrarte meses de arduo trabajo y enormes cantidades de dinero.

Benjamin Franklin dijo una vez que hay dos formas de obtener conocimientos: comprarlos o tomarlos prestados. Si los compramos, pagamos el precio completo en términos de tiempo y dinero, pero si los tomamos prestados, los obtenemos de otras personas que ya pagaron el precio completo para aprenderlos. Si bombardeas constantemente la mente con información e ideas nuevas, activas todas las leyes mentales de las que hablamos y desencadenas todos los factores de la suerte que comentamos hasta ahora.

Tu objetivo es convertirte en una de las personas con más conocimientos en tu campo. Cuando lo consigas te convertirás en una de las personas más valiosas y mejor pagadas de tu sector. Ascenderás rápidamente y te ascenderán de forma constante. Pasarás a formar parte del 10% de los que más ganan, con todo el prestigio, el reconocimiento y el respeto que eso conlleva. Vivirás en una casa más grande, manejarás un carro más nuevo y tendrás una cuenta de ahorros más abultada. Cuando las personas te acusan de tener suerte, limítate a decirles: "Cuanto más aprendo, más suerte tengo".

CLAVES DEL CONOCIMIENTO

1. El conocimiento determina la calidad y cantidad de tu trabajo y de tu vida.

2. Pequeñas diferencias de conocimiento y capacidades pueden dar lugar a enormes diferencias en los resultados.

3. Puedes aprender cualquier cosa que necesites aprender para lograr cualquier objetivo que te propongas.

4. Nunca desarrollarás un talento útil sin tener la oportunidad, tarde o temprano, de aplicarlo a algún buen fin.

5. La lectura constante es la forma más importante de aumentar tus conocimientos.

6. Usa el método OPIR para leer: visión general, vista previa, a la vista y revisión.

7. El aprendizaje en audio, los seminarios y los cursos son una forma muy importante de complementar tus conocimientos.

Capítulo 4

Logros y maestría

Ahora mismo tienes la capacidad de superar todos tus logros anteriores. En este mismo momento tienes en tu interior los talentos que necesitas para ser, tener y hacer mucho más de lo que hayas logrado nunca en tu vida. Puedes aprender las habilidades que necesitas para alcanzar cualquier meta que te propongas.

Cuando un virtuoso interpreta una pieza perfecta de música clásica, o cuando los Tres Tenores (Pavarotti, Domingo y Carreras) cantan una ópera exquisita, nadie atribuye sus logros a la suerte. Cuando un artesano construye un mueble elegante y refinado, nadie tacha su logro de cuestión de suerte.

Ahora mismo tienes la capacidad de superar todos tus logros anteriores.

Siempre que ves a alguien hacer algo de forma excelente, reconoces una obra maestra. Sabes que muchas semanas, meses e incluso años de arduo trabajo y preparación preceden a una actuación excelente de cualquier tipo. Mi buen amigo Nido Qubein, uno de los mejores oradores profesionales de Estados Unidos, suele invertir 100 horas de planificación, preparación y ensayo para una charla de una hora que solo dará a un público en una única ocasión. Cuando un vendedor profesional analiza cuidadosamente su mercado, identifica a sus clientes potenciales ideales, concierta y confirma citas, establece un alto nivel de compenetración, hace una presentación excelente y se va con el pedido, nadie puede atribuir su logro a la suerte. En todos los casos, se trata de maestría.

En el mundo actual existe un tremendo resentimiento contra los logros, porque en un mundo altamente competitivo se necesitan muchos años para llegar a ser muy bueno en lo que haces y ganar las recompensas que acompañan a un rendimiento excelente. A la gente que no está dispuesta a esforzarse le molestan las recompensas que obtienes como resultado de tu dedicación. Dicen que en tu caso solo ha sido cuestión de suerte, mientras que, en el suyo, ha influido la mala suerte.

Pero tú sabes la verdad: vivimos en un universo regido por la ley, no por el caos. Hay una razón para todo. El gran éxito es en gran medida el resultado de normas y niveles de rendimiento más elevados. Ha sido así a lo largo de la historia de la humanidad, y es aún más cierto hoy en día.

El mercado solo ofrece recompensas extraordinarias por un rendimiento extraordinario; da recompensas ordinarias por un rendimiento ordinario, y da recompensas por debajo de la media, desempleo e inseguridad por un rendimiento por debajo de la media.

> El mercado solo ofrece recompensas extraordinarias
> por un rendimiento extraordinario.

DOS ENFERMEDADES MENTALES

Hoy en día proliferan dos enfermedades mentales. La primera es la enfermedad del "algo a cambio de nada", y la segunda es la enfermedad de la "solución rápida". Cualquiera de ellas puede ser fatal para tu éxito, pero ambas combinadas pueden ser absolutamente desastrosas.

La enfermedad del "algo a cambio de nada" la contrae la gente que piensa que puede sacar más de lo que pone. Creen que pueden poner un dólar y obtener dos a cambio. Buscan constantemente oportunidades de enriquecerse sin pagar el precio completo. Las personas con esta enfermedad intentan violar las leyes básicas del universo: las leyes de la siembra y la cosecha, la de acción y reacción, la de causa y efecto. Y uno de los grandes principios del éxito es no intentar nunca violar las leyes universales y esperar tener éxito. Violar esas leyes es como intentar violar la ley de la gravedad.

¿Oíste alguna vez la historia de la persona que salta de un edificio de 30 pisos? Cuando pasa por el piso 15, alguien se asoma por la ventana y grita:

—¿Cómo va?

El que está lanzándose hacia la tierra, le responde gritando:

—Hasta aquí, todo bien.

Todo aquel que intenta obtener más de lo que invierte está en la misma situación. Puede parecer que le va bien a corto plazo, pero está cayendo rápidamente en picada hacia un duro despertar. No dejes que esto te ocurra a ti.

La segunda enfermedad mental es la de la "solución rápida". Esto les ocurre a las personas que buscan formas rápidas y fáciles de desarrollar habilidades clave que en realidad requieren meses o años de arduo trabajo. O buscan una forma rápida y fácil de resolver un problema que han tardado toda una vida en crear. Se vuelven locos por el último plan para hacerse ricos rápidamente. Compran billetes de lotería y se apuntan a sistemas piramidales. Compran pequeñas acciones e invierten en cosas de las que no saben nada, pero que prometen un rendimiento rápido. A menudo malgastan muchos años de arduo trabajo y ahorros, buscando la voluntad de un éxito rápido y fácil.

La ley del servicio afirma que tu recompensa siempre será igual al valor de tu servicio hacia los demás. El universo está siempre en equilibrio: siempre obtendrás lo que inviertas. Si quieres aumentar la calidad y la cantidad de tus recompensas, debes centrarte en aumentar la calidad y la cantidad de tu servicio hacia los demás.

> Tu recompensa siempre será igual al valor de tu servicio hacia los demás.

Una de las mejores preguntas que puedes hacerte cada mañana es: "¿Cómo puedo aumentar hoy el valor de mi servicio a mis clientes?". Estas son las personas que dependen de ti por el trabajo que haces: las personas cuya satisfacción determina tus recompensas, tu éxito, tu reconocimiento y tu progreso financiero.

¿Quiénes son tus clientes? Si tienes un empleo, tu jefe es tu principal cliente. Tu tarea más importante es complacerlo haciendo lo que considera que es la tarea más importante para ti en cada momento. Si eres directivo, tu personal incluye a tus clientes. Tu tarea consiste en complacerlos para que hagan un trabajo excepcional y complazcan a las personas a las que tienen que atender. Si te dedicas a las ventas o al emprendimiento, las personas del mercado que utilizan tus productos o servicios son quizás tus clientes más importantes. Todas las grandes fortunas proceden de proporcionar a la gente lo que quiere y por lo que está dispuesta a pagar mejor que los demás. Aunque sea un lugar común, no obtienes lo que deseas, sino lo que te mereces.

Tu principal tarea en la vida es hacer todo lo necesario para asegurarte de que mereces las recompensas que deseas. Cualquier intento de conseguir algo que no merezcas justamente está condenado al fracaso y a la frustración. Toda actividad corrupta y delictiva tiene por objeto obtener recompensas sin merecerlas. El término *merecer* procede de dos raíces latinas: *de*, que significa *de*, y *servire*, que significa *servir*: del servicio.

Muchas personas tienen la incómoda sensación de que no merecen tener éxito y prosperidad. Tienen miedo al éxito. La verdad es que te mereces todas las cosas buenas que te ofrece la vida, siempre que te las ganes honradamente sirviendo a los demás. Tu tarea consiste en poner la causa, y los efectos se darán por sí mismos. Tu tarea consiste en hacer lo que haces con excelencia, y tus recompensas fluirán hacia ti por ley, no por casualidad o suerte.

El gran experto en gestión Peter Drucker escribió una vez que, incluso si estás empezando un nuevo negocio en la mesa de tu cocina, tu objetivo debe ser el liderazgo en tu sector; de lo contrario, no deberías ni siquiera empezar. Si solo quieres ganar dinero rápido, nunca tendrás éxito y probablemente te arruinarás. Pero si tu objetivo es crear una empresa que ofrezca un producto o servicio mejor que nadie en un mercado competitivo y te centras en tu objetivo con intensidad de propósito, lograrás un éxito sin precedentes. Como Steve Jobs y Steve Wozniak, quienes diseñaron la primera computadora Apple en un garaje, puedes acabar construyendo una organización de categoría mundial.

Aunque no vayas a construir una gran empresa, tu compromiso de hacer lo que haces de forma sobresaliente es la mayor garantía de tu éxito. Como individuo, tu objetivo debe ser unirte al 10% de los mejores en tu campo. Cualquier objetivo inferior a ser uno de los mejores no es digno de ti. Debes estar dispuesto a superar cualquier obstáculo, resolver cualquier problema y pagar cualquier precio para ascender a los escalones superiores de tu trabajo.

Te propongo una prueba sencilla. Puedes saber si estás en el campo adecuado según tu actitud hacia la excelencia, especialmente hacia la gente que está en la cima. Todas las personas que realmente tienen éxito sienten un profundo respeto y admiración por los que más rinden en sus sectores. Puesto que siempre te mueves en la dirección de lo que más admiras, la gente que está por encima llegó ahí admirando a quienes estaban por encima de ellos en ese campo.

Actualmente, a muchas personas no les importa estar en la cima. Se conforman con estar en la cola del pelotón, como unos corredores cualesquiera en una carrera de maratón. Les preocupa más la seguridad que los logros. Lo peor es cuando van un paso más allá y denigran a las personas exitosas. Se quejan de ellas a sus espaldas y señalan sus defectos y carencias. Por desgracia, esta actitud es siempre nefasta para el éxito. Nadie que critique a las personas de alto rendimiento de un sector llega a serlo.

No obtienes lo que deseas, sino lo que te mereces.

LA LEY DE LA PRÁCTICA

La ley de la práctica dice que todo lo que practicas una y otra vez acaba convirtiéndose en un nuevo hábito o habilidad. Bear Bryant, el gran entrenador de futbol americano de la Universidad de Alabama, dijo una vez que el éxito no es el resultado de la voluntad de ganar; eso lo tiene todo el mundo. El gran éxito es el resultado de la voluntad de prepararse para ganar.

La única medida real de lo alto que puedes volar está contenida en la pregunta: ¿cuánto lo deseas? Si deseas con suficiente intensidad alcanzar un nivel de habilidad, y estás dispuesto a pagar el precio en términos de esfuerzo y sacrificio, acabarás consiguiéndolo. Todo logro extraordinario es el resultado de miles de logros ordinarios que nadie ve ni aprecia. Todo gran logro es el resultado de cientos y tal vez miles de horas de minucioso esfuerzo, preparación, estudio y práctica de los que pocas personas son conscientes. Pero si te esfuerzas, al final obtendrás la recompensa. Cuando confíes plenamente en esta ley, esta trabajará para ti. Cuanto más esperes, mayores serán las recompensas cuando lleguen. El poeta Henry Wadsworth Longfellow escribió una vez:

Las alturas alcanzadas y mantenidas por grandes hombres
No fueron logradas por un vuelo repentino,
Sino que, mientras sus compañeros dormían,
Ellos se esforzaban por subir durante la noche

¿Cómo puedes saber cuánta preparación llevas hasta ahora? Es fácil de medir: solo tienes que mirar a tu alrededor. Las leyes de la siembra y cosecha, de causa y efecto, de correspondencia e incluso de equivalencia mental, todas dicen que tu mundo exterior refleja tu mundo interior. Tu mundo exterior de logros refleja perfectamente tu mundo interior de preparación. Si no estás contento con tu mundo exterior de resultados y recompensas, solo tienes que volver a trabajar en ti mismo y cambiar tu mundo interior para hacerlo más coherente con lo que quieres disfrutar en el exterior.

> Actualmente, las personas exitosas son aquellas que se esforzaban por las noches mientras sus compañeros veían la televisión.

LA LISTA DE HABILIDADES

En las páginas anteriores te animé a que escribieras 10 objetivos que quisieras alcanzar en los próximos 12 meses y a que seleccionaras el que tendría el mayor impacto positivo en todos tus demás objetivos si lo lograras. Este es tu gran propósito definido.

Ahora quiero que lleves este ejercicio un paso más allá. Una vez que hayas decidido cuál es el objetivo más importante, pregúntate:

"¿En qué debo ser absolutamente excelente para alcanzarlo?". Solo podrás alcanzar un objetivo cuando te hayas preparado a fondo para ello. Entonces, ¿qué habilidades, capacidades y talentos necesitas desarrollar para merecer ese objetivo más importante? De la misma forma que necesitas una lista de objetivos, también necesitas una lista de habilidades. Haz una lista de todas las habilidades que necesitas para disfrutar del tipo de vida que deseas. El desarrollo de habilidades es anterior a la obtención de las recompensas que deseas.

FACTORES DECISIVOS PARA EL ÉXITO

Hay un concepto importante desarrollado en la Universidad de Harvard llamado *factores decisivos para el éxito*. Son las habilidades en las que debes ser competente para alcanzar el éxito. En cualquier campo, pocas veces hay más de cinco o siete factores decisivos para el éxito, y pueden identificarse. Esto sirve en las ventas, la gestión, el emprendimiento e incluso la paternidad. En algunos casos puede haber solo uno o dos factores que determinen el éxito o el fracaso de la empresa.

Tu capacidad más poderosa es la de pensar. Thomas Edison escribió una vez que no existe ningún recurso al que el individuo normal no recurra para evitar la dura tarea de pensar. Para destacar en tu trabajo debes pensar. Debes identificar los componentes individuales de la habilidad que tendrás que dominar para llegar a la cima.

Te contaré un hallazgo increíble: tu factor decisivo más débil para el éxito determina el nivel al que puedes utilizar todas tus demás habilidades. Te daré un ejemplo sencillo. Si eres excelente en todos y cada uno de los aspectos de la venta excepto en la prospección, ese punto débil marcará el límite de tu éxito y de tus ingresos. Del mismo modo, si eres excelente en todos los factores excepto en el cierre de la venta, ese punto débil determinará tu nivel de ventas y cuánto dinero ganas. Si eres directivo y eres excelente en todos los aspectos de tu trabajo excepto en delegar, nunca tendrás éxito. Esa única debilidad te frenará y te hará tropezar en cada paso del camino.

Admitir que eres débil en algún área es algo complicadísimo. Estas áreas suelen ser las que no te gustan. Como no te gustan (a la mayoría de los vendedores, por ejemplo, no les gusta la prospección), las evitas todo lo posible. En consecuencia, tu rendimiento se debilita aún más. Entonces tratas de racionalizar y justificar tu bajo rendimiento en esa área. Culpas al mercado, a los productos y servicios, a la dirección, a la publicidad y a la competencia. Si no tienes cuidado, acabarás culpando a todas las fuerzas que te rodean excepto a ti mismo y a tu propia falta de esa habilidad.

> Admitir que eres débil en algún área es algo complicadísimo.

Si la ejercieras de forma constante y excelente, ¿cuál sería la habilidad con mayor impacto en tu carrera? Probablemente sabrás la respuesta en cuanto leas la pregunta. Si no lo sabes con seguridad, pregunta a las personas que te rodean. La retroalimentación es el desayuno de los campeones. Es prácticamente imposible que mejores sin recibir comentarios sinceros de otras personas que puedan ver tu rendimiento desde fuera y decirte lo que ven. Si trabajas en ventas, pregunta a tu jefe de ventas. Pídele que te acompañe a las visitas comerciales y te observe en acción.

Nosotros no podemos vernos con la misma claridad que nos ven los demás. Si queremos crecer, tenemos que abrirnos a la crítica constructiva. La mayoría de nosotros tenemos puntos ciegos que nos hacen impermeables a nuestras debilidades. A veces alguien nos señala un punto débil, y se lo rebatimos agriamente. Diremos que no es así; insistiremos en que ya somos buenos en esa área, o al menos mejores que otra persona.

Pero esto no es para ti. Tu objetivo es recibir comentarios constructivos para poder mejorar constantemente. Tu objetivo es ser el mejor, sin importar el precio (especialmente si el precio implica tu ego o tu orgullo). No dejes que la vanidad o la frágil autoestima te impidan aprender lo que necesitas saber para avanzar.

ÁREAS DE RESULTADOS CLAVE

Una extensión de los factores críticos de éxito son las *áreas de resultados clave*. En cualquier puesto, se trata de los resultados o efectos específicos para los que fuiste contratado. El rendimiento en tus áreas de resultados clave determina tu salario, ascenso y prestigio. Tu capacidad para identificar tus áreas de resultados clave y organizarlas por prioridades es esencial para alcanzar la maestría. Todas las personas verdaderamente afortunadas son muy buenas haciendo una o dos cosas que marcan la diferencia en su trabajo.

Un área de resultados clave puede definirse como un resultado específico del que eres completamente responsable. Puede medirse y está bajo tu control. Si no lo haces tú, no se hace. Un área de resultados clave es una salida de tu trabajo y una entrada para el trabajo de otra persona. Es parte integrante de la función de la organización. Por ejemplo, si estás en ventas, un área de resultados clave es cerrar la venta y conseguir el cheque. Una vez hecho esto, el pedido completo se convierte en una entrada para los departamentos de contabilidad, fabricación, distribución y entrega. Si no haces tu trabajo, los pasos siguientes no tienen cabida. Si haces bien tu trabajo, influye en el comportamiento y el rendimiento de toda una serie de otras personas.

Cada área de resultados clave tiene una norma de rendimiento de algún tipo; puede ser vaga, o puede ser clara. Tu tarea consiste en establecer normas de excelencia en cada una de tus áreas de resultados clave. Por tanto, es esencial que tengas perfectamente claros los resultados más importantes que se espera que aportes a tu organización. A continuación, determina las áreas en las que debes destacar para rendir al máximo en ellas.

Otra forma de definir tus áreas de resultados clave es preguntándote: ¿cuáles son los resultados específicos por los que estoy mejor pagado y recompensado? ¿De todo lo que hago, qué es lo más importante para la organización? ¿Por qué estoy exactamente en nómina? Al definir tus áreas de resultados clave en respuesta a estas preguntas y luego organizarlas por orden de prioridad, de la más importante a la menos importante, ya tienes una pista por la que correr. Tu tarea consiste ahora en adquirir la disciplina necesaria para llegar a ser extremadamente bueno haciendo una o dos cosas por las que se te juzga y evalúa más.

Tu éxito profesional vendrá de un rendimiento excelente en las áreas de resultados clave más importantes para tu jefe y tu compañía. Los problemas en tu carrera surgirán por un rendimiento inadecuado en una o más de estas áreas.

Te voy a plantear un ejercicio: escribe todo aquello para lo que crees que te contrataron. Lleva esta lista a tu jefe y pídele que organice la lista por prioridades. Haz que tu jefe te diga cuál considera que es la tarea más importante. ¿Cuál es la segunda más importante, la tercera más importante, y así sucesivamente?

A partir de ese momento, utiliza esta lista como tu plan operativo, actualizado continuamente en conversaciones con tu jefe. Asegúrate de que cada minuto de cada día trabajas en lo que tu jefe y tu compañía consideran que es la aportación más valiosa que puedes hacer a la organización. Luego comprométete a hacer estas tareas muy bien y cada vez mejor.

LA LEY DE LA MEJORA GRADUAL

La ley de la mejora gradual es un factor clave en la suerte de todas las personas exitosas. Dice que mejoras poco a poco y cachito a cachito; la excelencia es un proceso largo y laborioso de diminutos avances graduales, y aunque cada uno de ellos puede ser imperceptible, en conjunto se suman a la maestría de tu campo.

De pequeño, tenía baja autoestima y un tremendo sentimiento de inferioridad. Nunca se me ocurrió que pudiera ser bueno en algo. Cuando veía a personas que estaban en lo más alto de sus campos, las admiraba y respetaba y, al mismo tiempo, me sentía poca cosa e inferior. Sentía que, de alguna manera, eran de un orden superior al mío. Llegué a la conclusión de que, de algún modo, habían sido bendecidos con inteligencia, destrezas y habilidades de las que yo carecía. Me vendía mal y me conformé con un rendimiento mediocre durante muchos años.

> La excelencia es un proceso largo y laborioso de diminutos avances graduales.

Entonces tuve una revelación. Se me ocurrió que todos tenemos la capacidad de ser excelentes en algo, y que la excelencia era un viaje, no un destino. No se saltaba de la mediocridad a la excelencia de la noche a la mañana. Era un proceso largo y lento en el que cualquiera podía embarcarse y acabar llegando a la meta.

Este es el punto clave: todos los que están en la cima en tu campo estuvieron una vez en la base. Todos los que actualmente están al frente de la fila estuvieron antes al final. Todos los que están en lo alto de la escalera del éxito estuvieron una vez abajo y subieron peldaño a peldaño. Recuerda, no importa de dónde vengas; lo único que importa es a dónde vas, y puedes aprender cualquier cosa que necesites para alcanzar cualquier meta que te propongas.

En los años cincuenta y sesenta los japoneses revolucionaron su economía, desgarrada por la guerra, con el principio *kaizen*. El término *kaizen* en japonés significa mejora continua. El psicólogo francés Émile Coué logró curas notables enseñando a la gente a decir: "Cada día, en todos los sentidos, estoy cada vez mejor". Los japoneses aplicaron la misma idea a sus industrias. Se anima a cada persona de cada empresa japonesa a buscar continuamente ideas en su línea de visión que puedan mejorar el proceso de alguna manera. En tu línea de visión, justo donde estás, probablemente puedas ver todo tipo de formas de hacer el trabajo con mayor rapidez y eficacia. Tu tarea debe ser buscar y aplicar nuevas ideas que mejoren la forma de hacer las cosas, especialmente la forma de atender a los clientes.

A las personas no se les pagan salarios altos porque sean ricas; se les pagan salarios altos porque son muy productivas. Atraes recompensas y riquezas si eres el tipo de persona que merece recompensas y riquezas. Si al final te pagan mucho dinero por lo que haces, será el resultado directo del diseño, no de la casualidad. La suerte no tendrá nada que ver.

¿Quieres un aumento de sueldo? Es fácil conseguirlo: solo tienes que volverte muy bueno en lo que haces. Cuanto mejor seas en tu trabajo, más probable será que tu organización te pague más para que te quedes con ella. Y si tu compañía actual no lo hace, llegará otra y te ofrecerá más. Una de las mejores formas de conseguir un aumento de sueldo es que otra compañía te contrate por tu reputación de hacer un trabajo excelente. Y créeme, todo el mundo sabe quiénes son los que más rinden en cada empresa.

¿Quieres un aumento de sueldo? Es fácil conseguirlo: solo tienes que volverte muy bueno en lo que haces.

Llevo años trabajando con reclutadores de ejecutivos y consultores de personal. Las compañías recurren continuamente a ellos para encontrar personas aptas. Mantienen archivos de las mejores personas de diversos sectores y los actualizan constantemente. Cuando alguien les pide un alto directivo, ejecutivo o vendedor, consultan sus archivos y preguntan a sus contactos quiénes son los mejores en el mercado actual. Luego van tras esas personas e intentan contratarlas para sus clientes ofreciéndoles más dinero.

A veces le hago a mi público una pregunta dolorosa: ¿a cuántos les han ofrecido un trabajo en los últimos 30 días? Tal vez el 10 o 15% de ellos levante la mano. Entonces comento que las personas más destacadas en cada campo reciben continuamente ofertas de trabajo. Es como si hubieran creado un campo magnético que atrae a su vida nuevas y mejores oportunidades de trabajo. Los reclutadores de ejecutivos, los consultores de personal e incluso los empresarios les llaman por teléfono al trabajo, por las tardes y los fines de semana. Se les acercan constantemente personas que intentan contratarlos pagándoles más dinero y dándoles más oportunidades.

Este es el camino que debes seguir si quieres desarrollar todo tu potencial en nuestra economía competitiva. La diferencia entre la persona que gana 25 000 dólares al año y la que gana 250 000 no es que sea 10 veces más diestra, hábil o inteligente o dedique 10 veces más en horas de trabajo. A menudo se trata de una diferencia muy marginal en el rendimiento en las áreas de los factores decisivos para el éxito, que equivale a enormes diferencias en ingresos y recompensas.

Tengo una pregunta para ti: ¿cuál te gustaría ser: el de mayor rendimiento con el salario más alto, o el de menor rendimiento con el salario más bajo? Parece una pregunta obvia, pero no lo es. A menudo, cuando hago esta pregunta, hay miradas de confusión en los rostros de los asistentes. No están seguros de cómo responder. Cuando vuelvo a hacer la pregunta en un tono mucho más alto, todos se despiertan y dicen que preferirían ser la persona mejor pagada antes que la peor pagada.

EL PODER DE DECISIÓN

Un gran factor de la suerte está contenido en el poder de decisión. Las personas tienen éxito porque tomaron una decisión clara, inequívoca, decisiva, para tener éxito. La gente que no tiene éxito es porque nunca ha tomado esa decisión.

Para triunfar en el campo que elijas debes tomarte en serio a ti mismo y a tu futuro. La gran mayoría de la gente se limita a pasearse por la vida. Quieren que las cosas mejoren y esperan que mejoren, pero nunca han tomado una decisión clara y definitiva de mejorar las cosas mejorando ellos.

He hablado con miles de personas exitosas a lo largo de los años. Para todas ellas el punto de inflexión llegó cuando tomaron una decisión clara para ser las mejores en su campo. En cuanto tomas esa decisión todas las leyes mentales empiezan a trabajar en tu favor. Atraes ideas y oportunidades de mejora personal y profesional. Atraes a personas que pueden ayudarte con consejos y presentaciones; llegan a tu mesa o a tu buzón libros, cintas y artículos que te ayudan a mejorar. Recibes folletos de seminarios y cursos por correo. Cuanto mejor seas, más oportunidades tendrás de utilizar tus capacidades y habilidades de desarrollo.

Un gran factor del éxito es el amor. Este principio dice que todo lo que haces en la vida es para conseguir amor o para compensar su falta. Un corolario es que solo tendrás verdadero éxito y serás feliz cuando te comprometas de todo corazón a hacer lo que más te gusta. Es difícil que tengas el entusiasmo para empezar, y la persistencia para continuar en el viaje hacia la excelencia a menos que realmente ames el campo que elegiste.

> Solo tendrás verdadero éxito y serás feliz cuando te comprometas de todo corazón a hacer lo que más te gusta.

Si ganaras un millón de dólares y pudieras hacer lo que quisieras, ¿qué sería? En otras palabras, si dispusieras de todo el tiempo y el dinero que necesitaras y fueras libre de elegir cualquier ocupación, ¿qué es lo que más te gustaría hacer? Todos los grandes éxitos los logran hombres y mujeres que ponen todo su corazón en ser excelentes en algo que realmente les importa, algo que sienten que puede cambiar el mundo.

Estás diseñado de un modo extraordinario: solo serás verdaderamente feliz y tendrás éxito cuando sientas que estás haciendo algo que beneficia de algún modo a otras personas. El hecho de centrarse en lograr un cambio para los demás es el rasgo común de todas las personas de alto rendimiento y muy bien pagadas de nuestra sociedad.

¿Qué tipo de cambio quieres lograr? ¿A quién quieres beneficiar y enriquecer? ¿Cómo quieres hacerlo? ¿Qué actividades te producen un mayor sentimiento de autoestima y orgullo? ¿Qué logros de tu pasado te dejaron una mayor sensación de importancia? ¿Qué es lo que más te gusta hacer?

Se ha dicho que la vida es el estudio de la atención. Tu vida se mueve hacia las cosas que más fácilmente atraen tu atención.

Una forma de saber lo que debes hacer en el futuro es fijarte en tu pasado. ¿Qué habilidades o capacidades han sido las más responsables de tus éxitos hasta la fecha? ¿Qué es lo que siempre te resultó más fácil de hacer, aunque a menudo les haya resultado difícil a otras personas? ¿Qué materias de la escuela te fascinaban más? ¿Con qué actividades disfrutabas más? ¿Qué parte de tu trabajo actual te produce más satisfacción? ¿Qué actividad se te da mejor? ¿Dónde aportas más? Si solo pudieras hacer una tarea durante todo el día, de la mañana a la noche, ¿cuál elegirías?

Dado que el mundo actual cambia rápidamente, es probable que tengas distintos empleos y carreras a lo largo de tu vida laboral. Cada dos años cambiarás, bien dentro de tu organización, bien de una compañía a otra o de un sector a otro. Tus conocimientos y habilidades actuales se quedarán obsoletos, y tendrás que desarrollar nuevos conocimientos y nuevas habilidades para mantenerte al día.

De hecho, una gran pregunta que puedes hacerte es: "¿Cuál va a ser mi próximo trabajo?". Luego puedes preguntarte: "¿Cuál va a ser mi próxima carrera?". Y la pregunta más importante de todas es: "¿Qué tengo que hacer de forma excelente en el futuro para disfrutar de un alto nivel de vida que vaya creciendo?".

Las personas que no planifican el futuro no pueden tenerlo, y la mejor forma de predecir tu futuro es creártelo tú mismo. Como de todos modos vas a cambiar de trabajo en el futuro, puedes empezar ahora mismo a definir tu trabajo ideal. Piensa y determina por ti mismo lo que realmente te gusta hacer. A continuación puedes desarrollar un plan para llegar a sobresalir en ello, de modo que puedas cobrar dentro de los precios más altos de tu profesión. Si no lo haces por ti, nadie más lo hará.

A veces la gente piensa que tardará muchos meses o años en dominar un área de un factor decisivo para el éxito; por eso se desaniman antes de empezar. Sin embargo, muchas veces puedes elevar tu nivel de habilidad en un área determinada en cuestión de semanas o meses. Desde ese momento en adelante, tendrás esa habilidad bloqueada a un nivel superior para utilizarla en combinación con todas tus demás habilidades. Con el tiempo olvidarás el esfuerzo y sacrificio adicionales que invertiste para alcanzar ese nivel, pero seguirás disfrutando de los beneficios de ser uno de los mejores en tu campo.

LA LEY DE LA MEJORA

La ley de la mejora afirma que tu vida solo mejora cuando tú mejoras. Si quieres que tus ventas mejoren, debes convertirte en un mejor vendedor. Si quieres que tus empleados mejoren, debes ser mejor gerente. Si quieres que tus hijos mejoren, debes ser mejor padre. Puedes mejorar cualquier parte de tu mundo exterior si mejoras tu habilidad, capacidad o actitud en esa área.

En cuanto hayas identificado una o dos habilidades esenciales que necesitas desarrollar, escríbelas como si fueran objetivos. Elabora un plan para alcanzarlas, ponles un plazo y empieza a trabajar. Después, sin importar el tiempo que tardes, sigue trabajando. Ten paciencia. Roma no se construyó en un día. Las habilidades importantes tardan mucho tiempo en desarrollarse. Pero si perseveras paso a paso, acabarás convirtiéndote en uno de los mejores en tu campo. Te ganarás la recompensa, el reconocimiento y la aclamación de la gente que te rodea. La gente te dirá que tuviste suerte al elegir ese campo o al comprometerte con la excelencia en esa habilidad, pero tú sabrás que la suerte no tuvo nada que ver.

CLAVES PARA ALCANZAR LA MAESTRÍA

1. El éxito es el resultado de normas y niveles de rendimiento más elevados.
2. Cada día hazte la siguiente pregunta: "¿Cómo puedo aumentar hoy el valor de mi servicio a mis clientes?".
3. Todo aquello que practiques una y otra vez acaba convirtiéndose en un nuevo hábito o habilidad.
4. Tu mundo exterior de logros refleja tu mundo interior de preparación.
5. Decide cuál será la habilidad que vaya a tener el mayor impacto en tu carrera.
6. El punto de inflexión en el éxito llega cuando tomas una decisión clara y por escrito de ser el mejor en tu campo.

Capítulo 5

El poder de la personalidad

Quizás el más poderoso de todos los factores de la suerte —aquel que puede ayudarte o destruirte durante toda tu vida— sea la calidad de tu personalidad: la actitud que aportas al mundo y tus relaciones.

La ley de la simpatía dice que cuanto más le gustes a la gente, más se dejará influir por ti y más te ayudará a conseguir tus objetivos. Las personas más populares suelen ser las que tienen más éxito. Una actitud mental positiva está estrechamente asociada al éxito en casi todo lo que haces y que implica a otras personas. Cuando te conviertes en una persona genuinamente positiva y optimista, la gente te abrirá puertas a oportunidades que a otros se les cerrarían. Los seres humanos somos predominantemente emocionales. Decidimos emocionalmente y luego justificamos lógicamente. Estamos casi totalmente controlados por nuestros sentimientos, sobre todo en nuestras interacciones con los demás.

> Las personas más populares suelen ser las que tienen más éxito.

Habrás oído decir que no es tu aptitud, sino tu actitud lo que determina tu altitud. Si realmente quieres experimentar un flujo continuo de buena suerte y circunstancias felices, te debes a ti mismo la tarea de adoptar el tipo de actitud que irradia calidez y confianza y atrae a la gente hacia ti.

LA PALABRA MÁS IMPORTANTE

Earl Nightingale dijo que *la actitud* era la palabra más importante de su idioma. Tu actitud es tu aproximación emocional a cualquier persona o situación; es lo único de ti que la gente percibe inmediatamente. Irradia de ti y de tu expresión facial, tu tono de voz y tu lenguaje corporal. Las personas que te rodean se ven afectadas inmediatamente por tu actitud y reaccionan casi al instante. Cuando eres positivo, agradable y simpático, la gente responde siendo positiva, agradable y simpática. Imagina dos vendedores que llaman al mismo negocio con poco tiempo de diferencia. Uno de ellos es alegre, simpático y agradable. El otro no sonríe, está descontento e inseguro. ¿Cuál de los dos conseguirá pasar del portero y ver al posible cliente?

Si puedes elegir hacer negocios con dos personas distintas, ¿a cuál elegirías, a la persona positiva o a la negativa? La capacidad de llevarse bien con los demás, de colaborar y ser un buen jugador de equipo, es una de las características más valoradas en el lugar de trabajo. Un estudio tras otro demuestran que se despide a la gente más por su incapacidad para llevarse bien con los demás que por cualquier otra razón. En tiempos de recesión, se despide primero a las personas negativas. Las personas positivas, las que se llevan bien con todo el mundo, son siempre las últimas en irse, si es que se van. Si por alguna razón las despiden, siempre son las primeras en ser contratadas, ya sea por su anterior compañía o por otra.

Una forma de asegurarte una gran vida es caer bien y que te aprecien todas las personas con las que trabajas. Tendrás más y mejores oportunidades y ascensos más constantes. Gracias a tu actitud mental positiva, te pagarán más y te darán mayores responsabilidades. La gente que te rodea, tanto quienes están por encima como por debajo de ti, querrá que tengas éxito y hará todo lo posible por ayudarte. Una persona con una actitud positiva puede progresar más en un par de años que una con una actitud negativa en 10 o 20 años. A todos nos gusta comprar y trabajar con personas agradables, que nos hacen sentir bien cuando estamos cerca de ellas. Quizás lo más importante que puedas hacer sea tomar el control total de tus pensamientos y sentimientos y asegurarte de que son coherentes con el tipo de persona que quieres ser.

La ley de la autoestima dice que cuanto más te gustes, te respetes y te aprecies, más te gustarán, respetarás y apreciarás los demás, y más les gustarás, te respetarán y te apreciarán. Es un corolario de la ley de correspondencia, que dice que tu mundo exterior reflejará tu mundo interior.

El entrenamiento de la mente se parece mucho al entrenamiento físico: puedes poner en forma la mente si la entrenas cada día, de la misma forma que mejoras tu forma física si entrenas en un gimnasio con regularidad. Si te programas para el éxito, aumentarás tus niveles de autoestima, confianza en ti mismo y una personalidad positiva. Para que tus niveles de energía y salud física se mantengan elevados, tienes que comer alimentos nutritivos cada día; así, para mantenerte alegre, optimista y animado, tendrás que nutrir tu mente con ingredientes sanos todos los días, independientemente de lo que te ocurra.

EL PROGRAMA DE SALUD MENTAL

Ya hablé de muchos de los ingredientes de tus programas de salud mental. Repasemos algunos de ellos una vez más. En primer lugar, para eliminar las emociones negativas de ira, culpa, envidia, resentimiento y autocompasión, decides conscientemente aceptar la responsabilidad total de todo lo que eres y serás. Debes negarte a poner excusas o a culpar a nadie de nada. Te ves a ti mismo como la principal fuerza creativa de tu propia vida. Te das cuenta de que estás donde estás y eres lo que eres debido a tus propias elecciones y decisiones del pasado. Puesto que tomaste esas elecciones y decisiones, solo tú eres responsable.

Tomas las riendas de tu futuro viéndote como un agente creativo, como un maestro del cambio y no como una víctima. Nunca te quejas y nunca das explicaciones. Si no estás contento con alguna parte de tu vida, te pones manos a la obra y haces algo al respecto. Te niegas a permitir que las emociones negativas interfieran en tu personalidad o nublen tu visión. Tienes objetivos claros, específicos y por escrito en cada área importante de tu vida. Has creado planes de acción por escrito para alcanzar tus objetivos. Trabajas en tus objetivos principales cada día. Tienes una tremenda sensación de impulso hacia adelante y de progreso que te llena de energía, entusiasmo y emoción. Estás tan ocupado trabajando en las cosas que son importantes para ti que no tienes tiempo de preocuparte por las cosas de tu vida que pueden no ser perfectas. La combinación de aceptar toda la responsabilidad y diseñar un plan claro por escrito para tu vida te proporciona una base sobre la que puedes construir tan alto como quieras llegar.

> Tomas las riendas de tu futuro viéndote como un maestro del cambio.

Te das cuenta de que el conocimiento y la habilidad son las claves del futuro. Cuanto más aprendas, más ganarás. Cuanto más sepas sobre el campo elegido, más oportunidades tendrás de utilizar tus crecientes conocimientos. Te das cuenta de que dominar tu campo es absolutamente esencial para el éxito, los logros y lo que la gente llama suerte. Tienes un plan de desarrollo personal y profesional que consiste en leer, escuchar programas de audio, asistir a seminarios y aprovechar cualquier oportunidad para ampliar tu nivel de conocimiento, conciencia y habilidad. Cuanto más trabajas para ser cada vez mejor en lo que tienes que hacer para alcanzar tus objetivos, más poderoso y positivo te sientes. Sabes que el éxito no es un accidente y que la suerte es solo una forma de explicar las cosas buenas que les ocurren a las personas que son buenas en lo que hacen. Estás decidido a pensar continuamente en las cosas que quieres y a mantener tu mente alejada de las cosas que no quieres.

TÉCNICAS DE PROGRAMACIÓN POSITIVA

Para fortalecer tu actitud positiva hay una serie de técnicas de programación mental poderosas y probadas que puedes utilizar a lo largo del día. La primera de ellas se basa en la ley de la afirmación: cualquier afirmación decidida y afirmativa que repitas una y otra vez en tu mente consciente pronto será aceptada como una orden por tu mente subconsciente. Por la ley de la actividad subconsciente, sabes que todo lo que acepta tu mente subconsciente empieza a materializarse en el mundo que te rodea. Tu sistema de activación reticular aumenta tu conciencia y sensibilidad hacia las personas, ideas y oportunidades que pueden ayudarte a acelerar tu potencial y avanzar más rápidamente hacia tus objetivos. El 95% de tus emociones está determinada por la forma en que te hablas a ti mismo. El psicólogo Martin Seligman lo denomina tu *estilo explicativo*. La forma en que te hablas a ti mismo y te explicas las cosas determina en gran medida cómo te sientes respecto a tu mundo y a lo que ocurre a tu alrededor.

Si no piensas y hablas consciente y deliberadamente sobre las cosas que quieres, tu mente, por desgracia, se deslizará hacia el pensamiento sobre las cosas que te preocupan y te alteran o enfadan. Debes agarrar firmemente el timón de tu vida y mantener tus pensamientos centrados en tu destino, o acabarás en una zanja de depresión y negatividad. La clave está en la conversación positiva contigo mismo y las afirmaciones positivas. Con afirmaciones positivas, tu potencial es ilimitado. Puedes convencerte a ti mismo de convertirte en el tipo de persona que quieres ser, de modo que puedas alcanzar los objetivos que te fijaste.

Puedes reforzar tu autoestima repitiendo continuamente las palabras "me gusto, me gusto, me gusto" sin parar. La primera vez que digas "me gusto" puede que te sientas un poco raro por dentro. Es de esperar. Los psicólogos lo llaman *disonancia cognitiva*. Ocurre cuando un nuevo mensaje positivo choca con un viejo mensaje negativo que puedes haber aceptado en el pasado como resultado de experiencias anteriores. Pero cuando repites la afirmación positiva "me gusto" una y otra vez, al final tu mente subconsciente acepta que te gustas de verdad y altera tu personalidad en consecuencia. Cuanto más te gustes a ti mismo, más te gustarán los demás, y cuanto más te gusten los demás, más les gustarás tú y querrán colaborar contigo.

> Refuerza tu autoestima repitiendo las palabras "me gusto, me gusto, me gusto" sin parar.

Pero comienza contigo. Repítete a ti mismo sin parar "soy el mejor, soy el mejor, soy el mejor". Cada vez que pienses en ti y en tu trabajo, repítete a ti mismo con un lenguaje decidido y positivo que eres el mejor. Insisto, es posible que al principio te sientas un poco ridículo, pero después de un tiempo te sentirás cada vez mejor. Empieza cada día diciendo "me siento feliz, me siento sano, me siento increíble". Cuando la gente te pregunta cómo te va, responde siempre de forma positiva; di "genial" o "las cosas van excelente". Habla de ti mismo y de tu vida como te gustaría que fuera, no de la forma en la que puede estar en esos momentos.

Recuerda que tu mente subconsciente, que controla tu actitud, tu personalidad, tu lenguaje corporal, tus emociones y tus niveles de entusiasmo, ilusión y energía, no tiene capacidad para pensar o decidir por sí misma. Se limita a aceptar instrucciones. Tu mente consciente es el jardinero, y el subconsciente es el jardín. Puedes plantar flores o malas hierbas; cualquiera de las dos crecerá. Pero si no plantas flores deliberadamente, tu jardín se llenará, por defecto, de malas hierbas.

LA LEY DE LA SUSTITUCIÓN

Uno de los factores más poderosos de la suerte es la ley de la sustitución. Muchas personas me han dicho que comprender este sencillo principio les cambió la vida. La ley de la sustitución dice que tu mente consciente solo puede albergar un pensamiento a la vez, y tú puedes elegir ese pensamiento. Puedes sustituir un pensamiento negativo por uno positivo siempre que quieras, y siempre eres libre de elegir la forma en la que piensas o te sientes en cualquier momento. La forma en la que actúas o reaccionas es el resultado de una decisión que tomaste, consciente o inconscientemente. Seas feliz o infeliz, estés enojado o exultante, entusiasmado o deprimido, en cualquier caso, fuiste tú quien decidiste sentirte así. Siempre es una cuestión de elección, y esta siempre depende de ti. Mediante afirmaciones positivas, puedes mantener tu mente centrada en mensajes positivos que mejoren tu vida y tu actitud hacia ti mismo y hacia los demás.

También puedes usar la ley de la sustitución para bloquear los pensamientos negativos y, en lugar de eso, pensar en tus objetivos. La vida es una constante sucesión de problemas. En este mismo momento tu vida está llena de problemas de todo tipo, grandes y pequeños, y si no tienes cuidado resurgirán, te ocuparán la mente y te preocuparán. Cuanto más pienses en tus problemas, más negativo, deprimido y enfadado estarás.

Puedes contrarrestar esta tendencia pensando en tus objetivos. Siempre que algo te enfade, neutraliza el pensamiento negativo pensando en tu objetivo. Repítelo en forma de afirmación personal en tiempo presente. Háblate a ti mismo de lo que quieres. Utilízalo para mantener tu mente alejada de las cosas que no quieres. Otra forma extraordinaria de usar la ley de sustitución es pensar en el futuro y no en el pasado. Siempre que tengas un problema, proponte seriamente dejar de rememorarlo y de pensar en quién tuvo la culpa. En lugar de eso, piensa en la solución y en lo que vas a hacer después. En el instante en que empiezas a pensar en soluciones y acciones futuras, tu mente se vuelve tranquila, positiva y se aclara. Casi toda la negatividad proviene de acontecimientos o circunstancias del pasado. El pensamiento positivo surge al pensar en tus objetivos y en las cosas específicas, concretas y positivas que podrías estar haciendo ahora mismo para avanzar hacia ellos más rápidamente.

Otro valioso antídoto contra la preocupación o la negatividad es estar tan ocupado trabajando en algo que sea importante para ti que no tengas tiempo de pensar en nada excepto en tu destino en la vida.

Piensa en el futuro y no en el pasado.

VISUALIZACIÓN POSITIVA

Otra pieza clave de la programación mental es la visualización positiva: alimentar tu mente con un flujo continuo de imágenes positivas que sean coherentes con la persona que quieres ser y la vida que quieres vivir. Toda mejora en la vida comienza con una mejora en tus imágenes mentales. Si hablas con personas infelices y les preguntas en qué piensan la mayor parte del tiempo, no te sorprenderá descubrir que piensan en sus problemas, sus facturas, sus relaciones negativas y todos los contratiempos y obstáculos de su vida. Pero cuando hablas con personas exitosas y felices, descubres que pasan la mayor parte del tiempo pensando en lo que quieren ser y las cosas que quieren tener y hacer. Tus imágenes mentales son como tus afirmaciones. Tu mente subconsciente las acepta como órdenes, y se pone a trabajar para llevarlas a tu realidad.

Por la mañana la gente suele pensar en cuánto dinero quiere ganar. Por la tarde piensa en sus problemas económicos. Por la noche llega a casa y se preocupa por las facturas. Sigue enviando a su mente una serie de mensajes conflictivos y contradictorios. Es como dar a un taxista instrucciones distintas en cada esquina: así nunca llegará a ninguna parte. La suerte exige que se active plenamente la ley de la atracción y se atraigan a tu vida, desde todas las direcciones, a personas y circunstancias que puedan ayudarte a avanzar. Pensando en lo que quieres y alejando tu mente de lo que no quieres, tiendes a tener más y más suerte en todo lo que intentas.

Durante todos estos años me ha resultado útil comprar revistas llenas de imágenes de las cosas que deseaba. Cuando mi esposa y yo hablábamos del tipo de casa en la que queríamos vivir, comprábamos todas las revistas que describían casas bonitas. Salíamos los fines de semana y visitábamos casas preciosas en barrios caros. Recorríamos las casas abiertas de punta a punta, pensando en las características que nos gustaban. Hablábamos continuamente de cómo sería la casa de nuestros sueños. Hicimos listas minuciosas y tuvimos muy en cuenta nuestras necesidades, tanto presentes como futuras. Y no tardamos mucho en encontrar una casa perfecta para nosotros en todos los aspectos. Eso no fue suerte.

Quizás el ingrediente más importante que puedes añadir al proceso de afirmación y visualización sea aplicar emoción constantemente a tus palabras e imágenes mentales. La fórmula de la suerte dice que el pensamiento multiplicado por la emoción es igual a la realidad. Cuanta más emoción dediques a un objetivo, una afirmación o una imagen, más energía tendrá y más rápidamente actuará sobre ella tu mente subconsciente. Cuando deseas algo intensamente y con avidez, generas una emoción y un entusiasmo que te impulsan hacia adelante y a superar cualquier obstáculo. Cuanto más deseas realmente algo, y cuanto más lo afirmas y visualizas, enviándolo de tu mente consciente a tu mente subconsciente, más energía y poder tienes. Te ocurren cosas buenas que otras personas describen como suerte.

El pensamiento multiplicado por la emoción es igual a la realidad.

LA LEY DE LA REVERSIBILIDAD

La ley de la reversibilidad lleva con nosotros miles de años, y la enseñaron muchos de los grandes maestros a lo largo de la historia. William James, de Harvard, la redescubrió en 1905. Esta ley dice que, de la misma forma que los sentimientos generan acciones que concuerdan con ellos, las acciones generan sentimientos que son consecuentes con ellas. Esto significa que puedes actuar para sentirte como quieres sentirte. Puedes programar tu mente subconsciente fingiendo que ya tienes las cualidades y características que más deseas.

Por ejemplo, a lo mejor te levantas un día por la mañana sin sentirte positivo y entusiasmado por la jornada; puede que te sientas reacio a llamar a nuevos clientes o a acudir a tu banquero. Pero si finges deliberadamente que eres positivo y confiado en todos los aspectos, al cabo de unos minutos empezarás a sentirte así: te sentirás feliz y con el control, optimista y extrovertido; tus acciones crearán los sentimientos o emociones que concuerden con ellas.

¿Cuántas veces ocurre que el equipo de futbol que va abajo en el marcador recibe una arenga del entrenador en el vestuario previo al segundo tiempo? Después, el equipo sale al campo como si pudiera conquistar el mundo. Muy a menudo este nuevo entusiasmo da la vuelta al partido y los lleva a la victoria.

Puedes convertirte en tu propio animador hablándote a ti mismo de forma positiva y actuando como si ya fueras la persona que querías ser. Finge hasta que lo consigas. Actúa como si te estuvieras probando para el papel de una persona sobresaliente, positiva, cálida, alegre, feliz y simpática. Camina, habla, actúa y compórtate como si ya fueras esa persona, como si acabaras de ganar un premio por ser la mejor persona de tu sector. Cuanto más actúes ese papel, más programas estos comportamientos y actitudes en tu mente subconsciente, donde se fijarán permanentemente.

EMPATÍA Y RECIPROCIDAD EMOCIONAL

Otro gran factor de la suerte es la empatía. Stephen Covey, autor de *Los siete hábitos de la gente altamente efectiva*, dice: "Busca primero comprender y luego ser comprendido". Una de las formas más rápidas de superar la timidez y la inseguridad ante los demás es implicarse más con ellos. Haz preguntas y escucha atentamente las respuestas. La mayoría de la gente está tan preocupada por sí misma que presta poca atención a los demás. Pero cuando empatizas con los demás haciéndoles preguntas y escuchándolos cuando hablan, les gustarás, querrán colaborar contigo y tu timidez desaparecerá.

> "Busca primero comprender y luego ser comprendido".
> —STEPHEN COVEY

Una extensión del principio de empatía es la ley de la reciprocidad emocional: cuando haces y dices cosas que hacen que otras personas se sientan bien, estas tendrán un deseo inconsciente de devolvértelo y de hacerte sentir bien a ti también. Mi difunto amigo Cavett Robert, el gran orador profesional, solía contar que de joven salía corriendo al escenario y se decía a sí mismo: "Aquí estoy". Cuando creció, su actitud hacia el público cambió por completo: ahora salía al escenario y se decía a sí mismo: "Aquí estás".

¿Qué quiere realmente la gente en lo referente a la reciprocidad emocional y la empatía? Como tú también eres una persona, tienes conocimientos internos sobre cómo tener un gran éxito en tus interacciones. Lo que tú quieres, y lo que quieren los demás, es sentirte importante. Quieres sentirte valorado, apreciado y valioso. Quieres gustar a la gente, que te respete y te trate bien. Quieres que la gente haga cosas que te suban la autoestima y hagan que te gustes y respetes a ti mismo aún más. Las personas que más te gustan son las que te hacen sentir mejor contigo mismo. Esta es la clave de unas relaciones humanas excelentes. Con cada persona que conozcas, busca algo que puedas decir que la haga sentirse mejor consigo misma. Como mínimo, nunca censures, te quejes o critiques. Si no puedes decir nada agradable, no digas nada. Incluso si tienes un problema o una crítica, es mejor empezar pidiendo ayuda y tomar el camino más fácil en la conversación.

Cuando busques formas de satisfacer las necesidades de aprecio, admiración y atención profundas y subconscientes de los demás, estos se sentirán inconscientemente motivados para ayudarte también a conseguir tus objetivos. Sal de tu propio camino. Deja de pensar en ti mismo; en su lugar, piensa en cómo puedes hacer que los demás se sientan mejor consigo mismos.

EL PODER DE LA IMAGEN

Hay otro elemento clave de la suerte y el éxito que la mayoría de la gente pasa por alto. Es la imagen: la forma en la que apareces ante los demás en tus interacciones cotidianas. A veces tu imagen puede hacerte ganar o perder en una relación crucial. La gente es muy visual. Habrás oído decir que nunca se tiene una segunda oportunidad para causar una buena primera impresión. Conocemos a tanta gente en tantas circunstancias que estamos constantemente juzgando y clasificando. Este proceso tiene lugar inconscientemente. Ni siquiera somos conscientes de ello. Pero a menudo tomamos una decisión instantánea sobre una persona que se mantiene durante el resto del tiempo que la conocemos.

Las investigaciones demuestran que la gente decide sobre ti en los primeros cuatro segundos. La mente de cada persona es como el cemento de secado rápido, y los primeros cuatro segundos dejan la primera impresión. El cemento fragua en 30 segundos. Después, la persona buscará cosas que justifiquen su impresión inicial. Debido a la forma en que está construida la mente humana, las personas utilizan la percepción selectiva. Ignorarán o rechazarán las cosas que sean incoherentes con lo que ya decidieron creer.

La gente decide sobre ti en los primeros cuatro segundos.

Las personas con más éxito en todos los estratos de la sociedad son las que tienen mejor aspecto exterior. No dejan sus primeras ni segundas impresiones al azar. Reflexionan mucho sobre su aspecto, estudian detenidamente a otras personas exitosas y se visten en consecuencia. Observan constantemente a los mejores en su campo y se esfuerzan por parecerse a ellos.

Correcta o incorrectamente, tratas con otras personas basándote en la percepción que tienes de ellas. Tu percepción inicial se forma en el momento de conocerlas. Las primeras impresiones causan el mayor impacto. No es que tu valoración de la persona no cambie con el tiempo: esto ocurre, pero es poco frecuente. Una vez que la impresión llega, se convierte en tu percepción de la realidad del individuo.

Seguro que has oído la expresión "Dios los cría y ellos se juntan", o que lo semejante atrae a lo semejante. A medida que asciendas a niveles superiores en tu vida empresarial y personal, comprobarás que las personas de cada escalón superior visten mejor que las de los niveles inferiores. La gente exitosa puede reconocer a otras personas de éxito en medio de una sala abarrotada. Al igual que los pájaros tienen un plumaje que les permite ser reconocidos por otros pájaros de su misma especie, el plumaje de las personas viene en forma de la ropa que usan, en cómo se arreglan y qué accesorios portan. Por la ley de la atracción, las personas con un aspecto similar parecen sentirse atraídas entre sí en situaciones sociales y de negocios.

Te sientes más cómodo tratando con personas que son muy parecidas a ti; le pasa a todo el mundo. Si quieres que la gente poderosa e importante se sienta cómoda tratando contigo, debes vestir como se viste y comportarte como se comporta. Los colores ideales para los hombres de negocios son el azul marino y el gris oscuro. También son los colores ideales para las mujeres (además, estas pueden vestir de verde oscuro). Los hombres deben usar camisas blancas y corbatas de seda cuidadosamente coordinadas con el color de sus trajes. Las mujeres deben usar accesorios a conjunto con el color y el diseño de su ropa. Tanto los hombres como las mujeres deben usar calzado de muy buena calidad y bien lustrados.

Hay un nivel aceptable de aseo tanto para hombres como para mujeres en todos los estratos de la sociedad. Si un hombre quiere manejar un camión, puede traer barba y pelo en la espalda. Si quiere tener éxito en los negocios, debería traer un corte de pelo conservador y la cara limpia y rasurada. Recuerdo a un joven que trabajaba en ventas al que le iba muy mal. Tenía la educación adecuada, la ropa adecuada, la personalidad adecuada y el nivel de energía adecuado, pero no tenía suerte con sus ventas. Tanto él como su jefe estaban muy frustrados, y su jefe estaba pensando en despedirlo.

El joven traía barba poblada y bigote. Pensó que era inteligente y diferente. Pero las entrevistas con los clientes demuestran que el vello facial, sobre todo la barba, es sinónimo de una persona excéntrica o, incluso, poco fiable. Cuando el joven se enteró de esto, se fue a casa y se rasuró la barba y el bigote. Los resultados de sus ventas cambiaron de la noche a la mañana. En dos meses era el mejor vendedor de la compañía. Las mismas personas que se mostraban reacias a hablar con él de repente se convirtieron en sus mejores clientes y lo recomendaban a otras personas. Me dijo que si no se hubiera enterado de que un aseo inadecuado, especialmente el vello facial en un hombre, podía frenar a una persona, probablemente habría fracasado en su nueva carrera.

Uno de los grandes principios de la suerte es este: todo cuenta. Cada cosita que haces, o que no haces, cuenta de alguna manera. Todo ayuda o perjudica. Todo suma o resta. Todo te acerca o te aleja de tus objetivos. Habrás oído decir que el problema se esconde en los detalles. Esto es válido tanto para tu imagen como para cualquier otra parte de tu vida. Los pequeños detalles significan mucho.

Te sugiero que leas al menos un libro sobre cómo vestirse para el éxito. No dejes nada al azar. Estudia a los mejores de tu entorno. Si trabajas por un sueldo, vístete igual que las personas que están dos puestos por encima del tuyo; gástate el doble en ropa y cómprate la mitad. Si estás empleado en una oficina, en los puestos más bajos, ve a trabajar como un joven ejecutivo, e inmediatamente atraerás la atención de personas que pueden ayudarte. Si combinas una excelente imagen profesional con un compromiso de crecimiento continuo, conocimiento y habilidad, te pondrás en la vía rápida, y las personas que más puedan ayudarte serán las que más puertas te abran.

La imagen es tan importante porque cuando tienes un aspecto excelente también te sientes excelente. Cuando miras a tu alrededor y sabes que eres una de las mejores personas de la sala, tu sensación de orgullo, confianza y autoestima es tremenda. Te gustas y respetas a ti mismo aún más. En consecuencia, te gustan y respetas a los demás, y eres más sensible, cortés y amable en tu relación con ellos. Cuando te vistes como un ganador, piensas y sientes como un ganador.

Por la ley de la reversibilidad, tus acciones externas de caminar, hablar, actuar, arreglarte y comportarte como un individuo sobresaliente tienen un efecto retorno: te harán sentir como un individuo sobresaliente en todo lo que hagas. Y recuerda, todo cuenta.

Tu personalidad y tu actitud son quizás los más poderosos de todos los factores de la suerte. Cuando los combinas con un compromiso de excelencia, haces que las personas que te rodean deseen ayudarte a avanzar. Cuanto más amable seas con los demás, más amables serán contigo. Cuanto más positivo seas, más gente querrá relacionarse contigo y hacer negocios contigo.

El liderazgo, especialmente el liderazgo personal, solo tiene lugar cuando la gente quiere que seas el líder. Cuanto mejor sepas colaborar e interactuar con los demás, más querrán que tengas éxito. Buscarán formas de ayudarte a conseguir tus objetivos. Y la suerte no tendrá nada que ver con ello.

CLAVES PARA MEJORAR TU PERSONALIDAD Y TU ACTITUD

1. Cuanto más te gustes tú, más les gustarán los demás y más les gustarás a ellos.

2. Cualquier afirmación decidida y afirmativa que repitas una y otra vez en tu mente consciente, pronto será aceptada como una orden por tu mente subconsciente.

3. Cualquier cosa que acepte tu mente subconsciente comienza a materializarse en el mundo que te rodea.

4. Puedes sustituir un pensamiento negativo por uno positivo siempre que quieras.

5. Puedes mejorar tu vida si creas conscientemente imágenes mentales positivas y generas un deseo intenso y ardiente por ellas.

6. La empatía es la forma más importante de caer bien a los demás.

7. Las personas con más éxito son las que tienen mejor aspecto exterior.

Capítulo 6

Amplía tu red de contactos

En el capítulo anterior te di algunas ideas para volverte una persona más positiva, optimista y agradable. En este capítulo aprenderás a ampliar tu red de contactos y relaciones para aumentar la probabilidad de que conozcas a la persona adecuada en el momento oportuno con la información u oportunidades idóneas para ti.

La ley de las relaciones dice que cuanta más gente te conozca y piense en ti de forma positiva, más éxito y oportunidades tendrás. Cualquier cambio en tu vida involucrará a otras personas. Si quieres alcanzar grandes objetivos necesitas la participación y colaboración activas de muchas personas distintas. Durante todos estos años tu vida se ha visto afectada y su dirección cambió por un simple comentario, un consejo o una acción de una persona determinada en un momento determinado.

Un amigo mío estaba montando su negocio en un mercado extremadamente competitivo. Necesitaba más dinero para expandirse. Lo primero que hizo fue llamar a los bancos locales y exponerles su plan de negocio. Lo fueron rechazando uno tras otro, y le dijeron que su negocio nunca tendría éxito. Pero él era un optimista, por lo que dibujó una serie de círculos concéntricos expansivos alrededor de la dirección de su negocio en un mapa y comenzó a llamar a bancos a distancias cada vez mayores. Finalmente, encontró un banquero a 150 kilómetros de distancia al que le gustó su plan de negocio y le prestó el dinero que necesitaba. Actualmente es uno de los empresarios más ricos y con más éxito de Estados Unidos.

Le pregunté si alguna vez pensó en darse por vencido en su búsqueda de más capital. Me dijo: "En ningún momento. Sabía que acabaría consiguiendo el dinero si hablaba con la gente suficiente. Estaba preparado para acudir a bancos hasta a 800 kilómetros de mi oficina si eso era lo que hacía falta para encontrar al banquero adecuado con la actitud correcta". Este es un factor de la suerte clave y una parte importante del éxito. La ley de la probabilidad dice que cuantas más cosas distintas intentes, más probabilidades tendrás de probar lo correcto en el momento adecuado.

Cuanta más gente conozcas, y cuanto más te afanes en ampliar tu círculo de contactos, más probabilidades tendrás de conocer a la persona que necesitas en el momento exacto y que tenga justo los recursos que necesitas. No es ningún milagro, y no tiene nada que ver con la suerte. Las personas más exitosas son las que conocen (y a quienes conocen) la mayor cantidad de personas exitosas. ¿Acaso la gente tiene éxito y después conoce a otras personas exitosas? ¿O lo que pasa es que conocen a estas personas y después comienzan a tener éxito? Puede ocurrir de las dos formas. Mucha gente comete el error de pensar que si busca a gente exitosa, podrá engancharse a su conocimiento, sus consejos y recursos. Pero esto solo funcionará por poco tiempo. A largo plazo es imposible aferrarse a algo a lo que no tienes derecho como resultado de tu propia conciencia.

La ley de la atracción es el más esencial de todos los factores de la suerte. Atraes inevitablemente a tu vida a las personas y las circunstancias que son consecuentes con tus pensamientos dominantes. La opuesta a la ley de la atracción es la ley de la repulsión: automáticamente repeles a las personas y las circunstancias que no están en consonancia con tus pensamientos dominantes. Cuando piensas siempre en positivo creas un campo energético que atrae a personas y situaciones positivas. Si piensas en negativo creas un campo de energía negativa que aleja dichas fuerzas.

Muchas personas transformaron su vida en tan solo un día al tomar control absoluto de su mente y crearse la disciplina de pensar y hablar únicamente de las cosas que desean y de la dirección en la que van. Como ya dije, el acto de escribir objetivos claros y específicos, hacer planes para lograrlos y trabajar en ellos cada día cambiará tu forma de pensar. También cambiará casi al instante el campo energético que te rodea.

Cuantas más cosas distintas intentes, más probabilidades tendrás de probar lo correcto en el momento adecuado.

LA LEY DEL ESFUERZO INDIRECTO

Dios los cría y ellos se juntan. Las personas que tienen niveles de éxito similares tienden a atraerse entre sí, y no puede fingirse durante mucho tiempo. Esto nos lleva a otro importante factor de la suerte: la ley del esfuerzo indirecto. Afirma que consigues más a menudo lo que quieres de los demás de forma indirecta que directa. De hecho, si tratas de que otras personas te ayuden o colaboren contigo directamente, probablemente acabarás viéndote ridículo e incluso alejando a dichas personas. Pero si usas la ley del esfuerzo indirecto te sorprenderá el éxito que puedes tener.

Por ejemplo, si quieres tener más amigos, ¿cómo usarías la ley del esfuerzo indirecto? Es sencillo. Concéntrate en ser un buen amigo de los demás. Muestra interés por otras personas. Hazles preguntas y escucha sus respuestas. Practica la empatía: preocúpate por sus problemas y sus situaciones. Busca formas de ayudarlos, aunque solo sea como una amable caja de resonancia. Cuanto más te concentres en ser un buen amigo, más amigos tendrás. Atraerás personas a tu vida como abejas a la miel.

¿Quieres impresionar a otras personas? La peor forma de hacerlo es directamente: tratar de impresionarlas. La mejor forma es indirectamente: dejándote impresionar por otras personas. Cuanto más impresionado estés por otras personas y sus logros, más impresionadas estarán contigo.

Cuando conozcas a alguien recuerda que todo el mundo hizo algo impresionante y digno de mencionar. Tu tarea es descubrir qué es. Pregúntale a qué se dedica, cómo se metió en ese campo en particular, cómo le va todo. Si escuchas con atención, la gente te hablará tanto de sus éxitos como de sus problemas.

Cuando una persona menciona que acaba de lograr algo sobresaliente, asiente, sonríe y felicítala por su éxito. A todo el mundo le gustan los cumplidos.

Un exitoso hombre de negocios que conocí tenía el hábito de enviar 10 telegramas cada semana a personas que había conocido. En los telegramas solo había una palabra: "Felicidades". Con los años, armó una red de hombres y mujeres que lo apreciaban y respetaban. Les asombraba que él supiera que habían logrado algo asombroso. Años más tarde, cuando le preguntaron cómo se las arreglaba para enterarse de los logros de sus amigos, dijo que no tenía ni idea de lo que estaban haciendo. Simplemente sabía que todo el mundo logra algo cada día y cada semana. Cuando les envías un mensaje de felicitación, automáticamente lo relacionarán con la situación que acaba de salirles bien.

Según la ley del esfuerzo indirecto, buscas constantemente formas de halagar y felicitar a la gente sobre lo que está haciendo, lo que logró, cómo viste, decisiones recientes que tomó o incluso del hecho de que haya perdido unos cuantos kilos. En nuestra sociedad, uno de los mejores cumplidos que le puedes decir a alguien es: "Adelgazaste, ¿verdad?". Aunque no sea cierto, a la gente siempre le da gusto que alguien (acertada o desacertadamente) se dé cuenta de que adelgazó. ¿Por qué? Porque todo el mundo quiere ser físicamente atractivo, y la belleza física está estrechamente asociada a estar delgado, ser esbelto y estar en forma. Nunca te equivocarás si halagas a alguien sobre lo bien que se ve.

Busca constantemente formas de halagar y felicitar a la gente.

¿Quieres que la gente te respete? Esta es una de las necesidades subconscientes más profundas de cualquier persona. Dicen que los bebés hacen berrinche para conseguirlo y los hombres adultos mueren por ello. Casi todo lo que haces es para ganarte (o al menos no perder) el respeto de la gente a la que respetas. Si quieres que la gente te respete, respétala de antemano. Nos hemos alejado de la época de los que quieren conseguirlo todo a cualquier precio; ahora nos encontramos en la época de los dadivosos. La gran mayoría de la gente que fracasa es aquella que trata de conseguir algo antes de invertir, pero esto no es para ti. Ya conoces la ley de la siembra y la cosecha. Sabes que obtienes lo que inviertes. También sabes que no puedes cosechar hasta que no hayas sembrado. Concéntrate en sembrar buenos pensamientos, buenas ideas y buenos sentimientos en tus relaciones. Y sabes que, por una ley universal, todo te regresará de las formas más increíbles.

LA LEY DE DAR

La ley de dar dice que cuanto más das de ti mismo sin esperar nada a cambio, más te regresará desde las fuentes más insospechadas. Muchas personas cometen el error de pensar que el bien que hicieron debe regresar de las personas con las que fueron buenas, pero esto ocurre pocas veces. Cuando entregas parte de ti libre y abiertamente a alguien más —puede ser tu tiempo, tu dinero o tus emociones— pocas veces será esa persona quien te regrese el favor. Más bien estás activando una de las grandes leyes del universo: la ley de la atracción. Se pondrán en marcha fuerzas que te traerán el bien que necesitas y deseas, normalmente desde una fuente totalmente distinta, pero justo en el momento y el lugar adecuados para ti.

¿Por qué ocurre esto? Es fácil de entender. Cuando haces algo bueno por otra persona te sube la autoestima y te hace sentir increíblemente bien contigo mismo. Cuando te entregas a los demás hay algo que te hace brillar como persona. Estás diseñado de tal forma que solo puedes ser realmente feliz cuando sabes que estás logrando un cambio positivo en la vida de los demás. De hecho, te beneficias tanto, y con tanta frecuencia, como la persona para la que hiciste algo bueno. Cambias el campo de fuerzas de la energía mental que te rodea. Al ayudar a otros intensificas el poder de atracción y atraes a tu vida a personas y circunstancias felices, de fuentes que jamás te imaginarías ni podrías predecir.

Por ejemplo, imagina que estás manejando de un punto A a un punto B para encontrarte con un futuro cliente de ventas. Tienes prisa, pero ves a un anciano parado en la orilla del camino al lado de su carro con una llanta ponchada. Aunque tienes el tiempo justo, superas tu impaciencia; te detienes y ayudas a esa persona a cambiar la llanta. Ofrece pagarte, pero tú te niegas. Le deseas buena suerte, y te apresuras para seguir con tu viaje. Todo ese asunto te llevó unos 10 minutos. Quizás, sin saberlo, acabas de activar las fuerzas del universo en tu nombre.

Llegas a tu cita un poco tarde, pero resulta que tu cita llega aún más tarde que tú. No hay nada perdido. No solo eso, sino que algo ocurrió. La persona con la que te reúnes, en lugar de mostrarse reticente, necesita sin falta el producto que estás vendiendo y toma la decisión inmediata de comprar. Sales de ahí con uno de los mejores pedidos, y conseguidos con mayor facilidad hasta la fecha. Si no tienes cuidado, empiezas a pensar en la suerte que tuviste. Pero no fue suerte. Fue de ley.

La generosidad de cualquier tipo desencadena acontecimientos felices, fortuitos y afortunados en tu vida. A lo largo de la historia hombres y mujeres han diezmado su camino hacia la fortuna y los grandes éxitos: entregaban regularmente el 10% o más de sus ingresos a causas que merecían la pena. Esta actitud y acción de dar establece un campo energético que atraía oportunidades económicas que son mucho mayores que todo el dinero que entregaban.

Cuando te entregas con generosidad cambias tu espacio mental, das forma a los aspectos internos de tu mente. Creas un nuevo equivalente mental que es más congruente con la satisfacción, la alegría y el éxito que deseas. Te vuelves una persona realmente afortunada.

> La generosidad desencadena acontecimientos afortunados en tu vida.

Como las relaciones son tan importantes, no puedes dejarlas al azar. La mayoría de las personas son como pelotas rebotando en la mesa de billar de la vida. Son como carritos chocones en la feria, chocándose al azar, con poco control sobre contra quién chocan o sobre quién las choca. Viven bajo la ley del accidente.

Esto no es para ti. Esboza un plan específico para las relaciones que quieres entablar. Recuerda, la forma de liberarte de la ley del accidente es viviendo tu vida según tu propio diseño. En lugar de dejar que las cosas te ocurran de forma aleatoria, planea deliberadamente lo que quieres que ocurra. Cuanto más claro seas sobre lo que quieres, más rápidamente lo atraerás a tu vida y lo reconocerás cuando llegue.

ENCONTRAR A TU COMPAÑERO IDEAL

Te lo mostraré con un ejemplo sencillo: tu elección de un compañero de matrimonio o en una relación clave hará más para decidir tu éxito y felicidad que, quizás, cualquier otro factor. Seguro que conoces a muchísima gente que trabajó mucho durante años para conseguir un éxito material y luego lo vio desmoronarse en pedazos cuando su relación con su pareja e hijos se desintegró por falta de tiempo y atención.

Para encontrar a tu pareja ideal debes actuar del mismo modo que para alcanzar cualquier objetivo que merezca la pena en la vida. Te sientas con un bloc de papel y escribes una descripción de la persona perfecta para ti. Mientras lo haces, imagina que estás haciendo un pedido que vas a enviar por correo a la otra punta del país, y que la persona perfecta te va a llegar exactamente como la has descrito. Anota todos los detalles. Describe el aspecto de la persona, su altura, su peso y su forma física. Describe su temperamento, su personalidad, su sentido del humor, su educación, su inteligencia y su actitud. Sé todo lo preciso que puedas sobre los valores, creencias, filosofías y opiniones de esa persona acerca de los aspectos importantes de la vida. Cuanto más detallada sea tu descripción, mejor. Léela y vuélvela a leer cada día, y ve añadiendo detalles cuando se te ocurran. Modifica y ajusta la descripción para hacerla cada vez más exacta y precisa.

Cada vez que la revises, la introducirás más y más profundamente en tu mente subconsciente.

> Si quieres atraer a una pareja maravillosa, tú mismo debes convertirte en una buena persona.

Cuando imaginas lo feliz que te sentirás cuando tengas una relación con la persona perfecta para ti, este componente emocional activa tu mente subconsciente y desencadena la ley de la atracción. En un abrir y cerrar de ojos, atraerás a esa persona a tu vida.

El siguiente paso para encontrar tu relación ideal es hacer una evaluación sincera de ti mismo. Una persona autorrealizada es objetiva y franca sobre sus puntos fuertes y débiles. Haz una lista de todo lo que puedes ofrecer en una relación. ¿Cuáles son tus puntos fuertes? ¿Qué características y cualidades has desarrollado a lo largo de los años que te convierten en una presa que merece la pena?

Sé sincero contigo mismo: haz una lista de las áreas en las que aún tienes trabajo por hacer. ¿No eres tan disciplinado como te gustaría? ¿Utilizas tu tiempo tan bien como te gustaría? ¿A veces eres impaciente, irritable o exigente? Anota estas áreas problemáticas y trabaja para mejorar en cada una de ellas. No puedes atraer a tu vida a una persona que sea muy distinta de la persona que eres en el fondo. Si quieres atraer a una pareja maravillosa, tú mismo debes convertirte en una buena persona. Tus relaciones, especialmente las más importantes, siempre reflejarán tu verdadera personalidad, valores, creencias y actitudes. Siempre experimentarás en el exterior lo que realmente eres en tu interior.

ATRAER RELACIONES COMERCIALES

Cuando ya hayas tomado algunas decisiones sobre lo que quieres en tu vida personal, es hora de decidir qué tipo de relaciones quieres en tu negocio y en tu carrera profesional. Un secreto del éxito en la ley del trabajo es seleccionar cuidadosamente a tu jefe. Cuando buscas trabajo estás intercambiando tu vida —tu posesión más preciada— por la oportunidad de trabajar y obtener resultados y los ingresos correspondientes. La clave de tu éxito en el trabajo será la calidad de la relación con tu jefe. Elígelo con cuidado. Pon atención en tus entrevistas hasta que encuentres el tipo de persona para la que realmente te gustaría trabajar. Necesitas a alguien que te guste, a quien respetes, admires y quieras emular. Quieres trabajar para alguien que tenga mucho que enseñarte y que te anime y apoye para que hagas el mejor trabajo posible.

Si trabajas para un jefe negativo, o tu situación laboral es negativa y estás sometido a críticas continuas, nunca serás feliz ni tendrás éxito. Al final renunciarás o te despedirán. Tendrás que encontrar un nuevo empleo en otro lugar, trabajando con y para personas diferentes.

Las personas inteligentes se niegan rotundamente a trabajar en una situación de la que no disfrutan la mayor parte del tiempo. Saben que es una pérdida de tiempo y una pérdida de vida. He visto innumerables ocasiones en las que una buena persona abandona un entorno de trabajo negativo y se incorpora a una empresa con un jefe positivo, optimista y alentador y un grupo de compañeros estupendos. En un abrir y cerrar de ojos, la persona a la que le iba mal en un entorno empezó a prosperar y a crecer en el nuevo.

RODÉATE DE LAS PERSONAS ADECUADAS

La decisión más importante que tomas para lograr tu éxito es la elección de las personas con las que te relacionas habitualmente. Rodéate de la gente adecuada. Rodéate de ganadores y aléjate de la gente negativa. Aléjate de la gente que se queja, juzga y critica todo el tiempo. Estas personas tóxicas te deprimen y te quitan la alegría de vivir. Después de pasar tiempo con ellas, te sientes desanimado y desmotivado. En lugar de eso, elige a tus amigos y socios con cuidado. Como dijo una vez el barón de Rothschild: "No hagas amistades inútiles; sé completamente egoísta con las personas de tu entorno".

La investigación de David McClelland sobre los logros en la Universidad de Harvard demostró que al cabo de 25 años los miembros de tu grupo de referencia habrán tenido más impacto en tu éxito y felicidad que cualquier otra elección que hagas. Tu grupo de referencia está formado por las personas con las que te identificas y te relacionas la mayor parte del tiempo. Si vuelas con águilas, te sentirás y pensarás como una de ellas. Si te asocias con pavos, pensarás, caminarás, actuarás y hablarás como uno. Las personas que te rodean tienen una influencia desmesurada en cada parte de tu vida y en todo lo que logras.

Muchas veces se dice que las personas exitosas son solitarias. Esto no significa que realmente lo sean. Tienen buenos amigos y relaciones, pero no salen a comer con cualquiera que esté parado en la puerta a la hora del almuerzo. Son muy selectivos: pasan tiempo únicamente con las personas con las que disfrutan y de cuya compañía pueden beneficiarse. Tú tienes que hacer lo mismo.

Los millonarios estadounidenses que consiguieron su fortuna con su propio esfuerzo son creadores de redes empedernidos: saben que cuanta más gente conozcan, y que los conozca a ellos, más suerte tendrán a la hora de hacer ventas y descubrir oportunidades. Aprovechan cualquier oportunidad para relacionarse con otras personas y crear una red más amplia de contactos coincidentes.

> Los millonarios que consiguieron su fortuna con su propio esfuerzo son creadores de redes empedernidos.

Unos grandes amigos míos se mudaron a una nueva ciudad de un nuevo país. En pocos meses se convirtieron en algunas de las personas más activas y populares de sus sectores. ¿Cómo lo consiguieron? Estableciendo redes. Se involucraron desde el principio en asociaciones y organizaciones industriales. Se comprometieron plenamente y contribuyeron de todo corazón a las actividades de las organizaciones. Como esto solo lo hacen unos pocos, pronto alcanzaron posiciones destacadas en la planificación y organización de los principales comités y funciones. Pronto fueron reconocidos y respetados por todas las personas clave del sector. Se labraron una reputación por su contribución y por conseguir que se hicieran las cosas, y las oportunidades y posibilidades empezaron a fluir hacia ellos. Se ganaron fácilmente el apoyo de personas clave dentro y fuera de sus organizaciones. Progresaron más en unos meses que muchas personas en muchos años.

La clave del trabajo en red es seleccionar una o dos organizaciones en las que haya personas que puedan serte de ayuda (y a las que tú también puedas ayudar). La ley de la credibilidad es un factor clave de la suerte. Dice que cuanto más te crean y confíen en ti, más fácil les resultará decidir trabajar y hacer negocios contigo.

FOMENTAR LA CREDIBILIDAD

De nuevo, todo cuenta. Todo lo que haces en tus relaciones ayuda o perjudica a tu credibilidad. Una de las principales razones para unirte a organizaciones clave es empezar a construir tu credibilidad ante las personas que pueden ayudarte en el futuro.

Esta es la fórmula para el éxito en la creación de redes empresariales: cuando te unas a una organización, estúdiala detenidamente. Pregunta a qué se dedican y qué partes de ella son las más activas e importantes para su éxito. Estudia la lista de miembros y la estructura de los comités. Asegúrate de que te unes a una organización con miembros que están por delante de ti en tu carrera. Deben ser personas de las que puedas aprender y beneficiarte, que puedan llevarte a niveles superiores a los que hayas alcanzado.

En cuanto hayas identificado un comité clave en una organización, preséntate voluntario para formar parte de él. Como todo lo que se hace en las organizaciones empresariales y sociales es en gran medida voluntario, tu disposición a contribuir con tu tiempo y esfuerzo siempre será bienvenida.

La mayoría de las personas que se afilian a asociaciones prácticamente se limitan a asistir a los actos y marcharse a casa.

Consideran las reuniones como una prolongación de su vida social y no como una parte fundamental de su vida empresarial. Pero cuando te afilias no solo te ofreces voluntario para asumir responsabilidades, sino que te implicas directamente. Te ofreces voluntario para más tareas, bajas la cabeza y emprendes cualquier tarea que se te encomiende. Asistes a todas las reuniones y contribuyes a todos los debates. Haces tu tarea antes y después de la reunión para estar bien preparado. Las personas clave no tardarán en fijarse en ti. Entregándote constantemente sin esperar nada a cambio, empezarás a ganarte su respeto y confianza. Tu credibilidad ante ellos aumentará; su confianza en tu capacidad para realizar tareas cada vez más complejas irá en aumento. Pronto te convertirás en una pieza clave del comité y en un miembro valioso de la organización.

IMPLICARSE

Hace algunos años me afilié a la Cámara de Comercio con el propósito expreso de implicarme en la comunidad empresarial y hacer algún tipo de contribución. Descubrí que la cuestión clave en la que estaba implicada la Cámara en aquel momento era la educación empresarial. Me ofrecí voluntario para el comité de ese tema, que servía de enlace con el gobierno. Dediqué un buen número de horas a investigar y redactar documentos para el comité. Asistía a todas las reuniones; sugería distintas estrategias y tácticas que el comité podía utilizar para ser un agente más activo con el gobierno en el aumento de la calidad de la educación en el estado.

En poco tiempo me convertí en vicepresidente del comité. Me asignaron todas las responsabilidades importantes de la Cámara en esa área. El presidente del comité era uno de los hombres de negocios más importantes de la comunidad. Era extremadamente poderoso y estaba vinculado a diversas empresas y organizaciones gubernamentales. Trabajé a sus órdenes y seguí sus directrices e instrucciones. Me abrió puertas y me presentó a otros empresarios clave, que me daban su opinión y consejo sobre las actividades empresariales y educativas de la Cámara.

Seis meses más tarde la reunión anual de la Cámara, a la que asistieron varios centenares de delegados —todos ellos destacados empresarios—, se celebró en un centro turístico. Me pidieron que preparara la lista de oradores y que actuara de maestro de ceremonias de la reunión.

Por supuesto, acepté con entusiasmo. Pasé muchas horas preparando y estudiando los currículums de los ponentes. En la reunión fui el maestro de ceremonias y presidente durante todo el día, ante cientos de delegados empresariales de alto nivel. Como había hecho mi tarea, estaba totalmente preparado para hacer el trabajo de forma competente.

Al año siguiente, presidí reuniones entre grupos de altos ejecutivos de empresas y altos funcionarios del gobierno. Algunas de estas reuniones se publicaron en los periódicos, e incluían algunos de mis comentarios y de las respuestas de los políticos.

Otro importante empresario leyó los comentarios y decidió que quería que dirigiera uno de sus negocios. Me contrataron cuando aún estaba en mi trabajo anterior, y me ofrecieron el doble de salario más participaciones en acciones. Antes de que se asentara el polvo, era uno de los jóvenes empresarios más conocidos y respetados del estado. Me tuteaba con políticos de alto nivel, empresarios importantes y los jefes de varias organizaciones públicas y privadas.

Me invitaron a colaborar con United Way en su campaña anual de recaudación de fondos. Esto atrajo la atención de más empresarios de alto nivel y me dio aún más oportunidades de ampliar mis contactos.

En un par de años más, mis ingresos volvieron a duplicarse. Parecía haber una relación directa entre el círculo cada vez más amplio de contactos que iba formando y las oportunidades que tenía de trabajar, invertir, viajar e interactuar con personas clave.

Mi historia no es única. Hay muchísimas personas que tuvieron la misma experiencia, pero depende de ti. Depende de ti lanzarte e implicarte. Siempre hay muchas más oportunidades de servir a la comunidad y las organizaciones sociales, empresariales o benéficas que personas con talento para ocupar esos puestos. No hay límites al grado en que puedes ampliar tus contactos si enfocas la situación como una persona dadivosa y no como alguien que quiere sacar partido.

LA LEY DEL ESFUERZO INDIRECTO

Cuando conozcas a alguien que creas que sería valioso para ti, recuerda el viejo dicho: quien pregunta, controla. Utiliza la ley del esfuerzo indirecto. En lugar de intentar impresionar a la otra persona, haz preguntas y déjate impresionar por lo que te diga. Busca oportunidades para ayudar, para sumar en lugar de restar. Recuerda que el principio de sembrar y recoger es universal.

Si te esfuerzas lo suficiente, al final obtendrás todo lo que puedas desear.

Todos los empresarios que conoces están preocupados por su negocio. Esta es una buena pregunta para que se la hagas a todo el mundo: ¿qué tengo que saber sobre tu compañía para recomendarla a un posible cliente? A las personas les encanta hablar de lo que hacen y de por qué otras empresas las patrocinan o deberían patrocinarlas. Y no hay nada que cree un vínculo más rápido entre tú y otro empresario que el hecho de que le recomiendes un cliente o viceversa. Cuando ayudes a otras personas a construir sus negocios y alcanzar sus objetivos, estarán predispuestas a ayudarte a mejorar también el tuyo.

LA LEY DEL AGRADO

Otra forma de enunciar la ley de la simpatía es que cuanto más le agrades a una persona, más fácil te resultará influir en ella. Las emociones distorsionan las valoraciones. Si le caes muy bien a alguien, le preocuparán menos los defectos que puedas tener. En cambio, si le caes mal, será hipersensible a tus defectos. A la gente le gusta hacer negocios con gente que le cae bien; le gusta socializar con gente que le cae bien; le gusta abrir puertas a quienes le caen bien; le gusta comprar a la gente que le agrada; le gusta contratar y promocionar a la gente con la que simpatiza. Cuanta más gente te quiera, más oportunidades se te abrirán y más rápido avanzarás en tu carrera. Ofrécete continuamente a ayudar a las personas que conozcas.

Cuanto más le agrades a una persona, más fácil te resultará influir en ella.

He visto en acción a algunas de las personas de negocios más ricas y poderosas del mundo. Siempre me ha sorprendido observar lo corteses y atentas que son cuando escuchan a los demás. Casi invariablemente preguntan: "¿Puedo ayudarte en algo?". En cualquier conversación, con cualquier persona, haz esa misma pregunta. A veces a la persona se le ocurrirá algo que puedas hacer; en la mayoría de los casos, no. Pero el hecho de que te hayas ofrecido a ayudar dejará un recuerdo agradable en su mente y, en algún momento, puede que te pida ayuda.

La ley de la reciprocidad es uno de los principios más poderosos. Simplemente afirma que si haces algo por otra persona, esta querrá hacer algo por ti. Querrá corresponderte de algún modo para no sentir que te debe algo. La mayoría de los seres humanos son extremadamente justos, y quieren seguir siendo ecuánimes en su vida. Cuando haces algo bueno por otra persona, instintivamente querrá "equipararse" contigo haciendo algo agradable también para ti. Si sales a comer con un amigo y tú pagas la cuenta, insistirá en pagarla la próxima vez. Si invitas a un amigo a cenar a tu casa, insistirá en invitarte en otra ocasión. Si envías una felicitación navideña a alguien, te devolverá una, aunque no te conozca.

Cuando organizas tu vida en armonía con las leyes universales, te asombrará la velocidad a la que empiezan a sucederte cosas buenas. La ley de la reciprocidad en las relaciones humanas es uno de los principios más poderosos que jamás aprenderás. La clave del éxito es construir más y mejores relaciones, para que un círculo mayor de personas te conozca y te respete más. Hazlo deliberada y conscientemente, seleccionando a las personas de las organizaciones con las que quieres relacionarte y luego dedicando todo tu corazón a contribuir con esas personas y organizaciones.

Los seres humanos siempre buscamos seguir la línea de menor resistencia. En el caso de las relaciones humanas, esta consiste en recomendar y hacer negocios con las personas que ya conocemos, que nos caen bien y en las que confiamos. Tu trabajo consiste en crear una red lo más amplia posible de contactos influyentes. Cuanta más gente conozcas, y te conozca de forma positiva, más probabilidades tendrás de conocer a la persona adecuada en el momento adecuado, por el motivo adecuado y para la oportunidad adecuada. Tendrás una posibilidad tras otra de ampliar y mejorar todos los aspectos de tu vida. Cuando llegues a la cima de tu campo ganándote el respeto y la estima de la gente que te rodea, será porque tenías un objetivo y un plan, no por suerte.

CLAVES PARA ARMAR TU RED DE CONTACTOS

1. Atraes a tu vida a las personas y circunstancias que concuerdan con tus pensamientos dominantes.

2. Para tener más amigos, concéntrate en ser un buen amigo.

3. Haz un plan específico para las relaciones que quieres establecer.

4. Las personas autorrealizadas son objetivas y francas sobre sus puntos fuertes y débiles.

5. Rodéate de la gente adecuada. Acércate a los ganadores y aléjate de la gente negativa.

6. Tus asociaciones influirán más en tu éxito que cualquier otra decisión que tomes.

Capítulo 7

Independencia económica

Una definición popular de éxito es poder vivir tu vida a tu manera. El dinero está estrechamente asociado con la libertad, la felicidad, la oportunidad y la expresión personal plena.

Y no hay ningún ámbito en el que el concepto de suerte esté más extendido que en el éxito financiero. La buena noticia es que vivimos en la mejor época de la historia. Hemos entrado en la Edad de Oro. Como resultado de la explosión de la información y el conocimiento, la expansión de la tecnología y el aumento de la competencia, hoy en día existen más oportunidades que nunca para que la minoría creativa logre la independencia económica. Y Estados Unidos es el mejor país, ya que ofrece el mayor número de oportunidades de entre todos los países del mundo.

HAY DE SOBRA PARA TODOS

La ley de la abundancia dice que vivimos en un universo de abundancia ilimitada, y que hay de sobra para todos. Antes se necesitaban tierras, mano de obra, capital, mobiliario, instalaciones, edificios, equipos y otros recursos de capital para crear bienes y servicios que pudieras vender, obtener beneficios y acumular riqueza. Actualmente, todo lo que necesitas es tu capacidad intelectual, y tienes muchas más ventajas que las personas cuya riqueza está invertida en fábricas y equipos que pueden quedar obsoletos rápidamente por un cambio tecnológico en la otra punta del mundo.

> Vivimos en un universo de abundancia ilimitada,
> y hay de sobra para todos.

La gente me pregunta continuamente cómo puede cambiar su vida o emprender un nuevo negocio si no tiene dinero. El hecho es que hay cientos de negocios, si no miles, en los que puedes entrar por menos de 100 dólares, pero para fundarlos se necesita capital mental y físico, no solo capital financiero.

El principal capital que tienes que meter en cualquier nueva empresa es el del sudor: tu voluntad de trabajar muy duro para lograr tus objetivos. Si tienes eso, todo lo demás se arreglará solo.

Todo el mundo quiere ser económicamente independiente. ¿Por qué ibas a querer ser rico? ¿Por qué tendrías que pagar todas tus facturas y tener dinero en el banco? ¿Por qué querrías abundancia financiera, para empezar?

Te daré mi respuesta a esas preguntas. Inevitablemente, atraes a tu vida los pensamientos y las imágenes que más emociones te causan, de modo que si estás preocupado por el dinero todo el tiempo, sin duda atraerás más problemas de dinero. En la actualidad, el 80% de las familias estadounidenses no tiene ahorros. El 70% de los estadounidenses que trabajan no tiene ingresos disponibles. Gasta todo lo que gana, cada nómina —y normalmente un poco más, con tarjetas de crédito—, y no le sobra nada. Alguien escribió una vez que la familia media estadounidense está a solo dos nóminas de quedarse sin casa. Si le cortan los ingresos durante algún tiempo, se encontrará en una situación desesperada.

Una persona sin dinero es como alguien que lleva mucho tiempo sin comer: está preocupada obsesivamente por esa carencia. Del mismo modo que la persona hambrienta piensa todo el tiempo en la comida, excluyendo casi todo lo demás, una persona con problemas económicos se preocupa todo el tiempo por el dinero y le queda muy poca energía emocional o espiritual para gastar en el mundo que le rodea.

El dinero es lo que el psicólogo Frederick Herzberg denominó un factor de higiene. Decía que necesitas una cierta cantidad para asegurarte un nivel razonable de seguridad económica y física. Si estás por debajo, no piensas en nada más. Pero si estás por encima, empiezas a pensar en otras cosas que son importantes para ti.

La gente rica te dirá que el dinero es solo un indicador. Una vez que alcanzas cierto nivel de éxito financiero, ya no te preocupa el dinero, así que diriges tu atención a otras cosas: tu salud, tus relaciones y la contribución que puedes hacer al mundo que te rodea. Te interesas más por los demás. Te orientas más hacia el desarrollo interior y el crecimiento personal. Aprecias la literatura, la filosofía y la música. Disfrutas más haciendo cosas con las personas importantes de tu vida.

Llegado a un punto, el dinero ya no es tu principal preocupación, y toda tu vida mejora, pero por debajo de ese punto, no piensas en otra cosa. Te levantas por la mañana y piensas y te preocupas por el dinero durante todo el día. La principal razón de las rupturas matrimoniales en Estados Unidos son las discusiones sobre el dinero. Una de las principales fuentes de estrés, ansiedad y problemas de personalidad son las preocupaciones por el dinero, que llegan a resultar absorbentes.

Por tanto, te debes a ti mismo alcanzar la seguridad económica y, con el tiempo, la independencia económica. Tu objetivo a largo plazo debe ser construir una fortaleza financiera de activos, adecuadamente distribuidos, de forma que nunca tengas que volver a preocuparte por el dinero.

Afortunadamente, como en Estados Unidos hay tantas historias de pobres que se convierten en ricos, hoy tenemos más ideas e información sobre cómo lograr la independencia económica de las que podríamos aplicar si viviéramos cien vidas.

> Te debes a ti mismo alcanzar independencia económica.

HAZ LO QUE HACE LA GENTE EXITOSA

La ley de la emulación dice que tendrás éxito en la medida exacta en que averigües lo que hacen otras personas de éxito y tú hagas lo mismo. Esto es tan obvio que la mayoría de la gente lo pasa completamente por alto. Me asombra el número de personas que intenta triunfar en una carrera o un negocio sin estudiar a otras personas que tienen éxito en ese ámbito. Intentan reinventar la rueda. Mi difunto amigo Kop Kopmeyer, que estudió el éxito durante 54 años, decía que uno de los principios de éxito más importantes que había descubierto era la necesidad de aprender de los expertos. No se tiene el tiempo suficiente en la tierra para resolverlo todo en solitario. Si se quiere tener éxito, se debe averiguar quién está disfrutando ya del tipo de éxito que se desea, aprender lo que hicieron y lo que están haciendo ahora, y hacer las mismas cosas uno mismo hasta que se consigan los mismos resultados.

Probablemente reconozcas esto como una reformulación de la ley de causa y efecto. En lugar de perder años intentando abrirte un camino completamente nuevo, lee los libros, escucha los programas de audio y asiste a los cursos de otras personas que empezaron de la nada y lograron cosas maravillosas con su vida. Haz exactamente lo que ellos hicieron hasta que domines sus habilidades y capacidades antes de lanzarte por tu cuenta con ideas propias.

Convertirse en un maestro de la cocina lleva unos siete años. La mejor escuela de cocina del mundo es el Swiss Culinary Institute en Ginebra. Los estudiantes empiezan pelando frutas y verduras. Lo hacen durante todo el primer año hasta que desarrollan un sentido extraordinario de las texturas y la sensación que producen las frutas y verduras en todos sus estados de frescura, sabor y composición. El segundo año pasan a las ensaladas y otras preparaciones de frutas y verduras. Cada año posterior pasan cientos de horas trabajando con especias, salsas, ingredientes, carnes y combinaciones individuales.

Al cabo de siete años, el estudiante se gradúa como uno de los mejores chefs del mundo. Después, pasa a hacer prácticas a las órdenes de un maestro cocinero en un restaurante de primera categoría. En otros tres o cinco años, el chef estará listo para trabajar por su cuenta. Los mejores hoteles y restaurantes del mundo son los que han podido contratar a diplomados de la escuela suiza. Estas personas cobran cantidades extraordinarias de dinero y se jubilan con independencia económica.

Antes de que estas personas se convirtieran en chefs creativos e innovadores, tuvieron que dominar cada etapa de la cocina tal como la habían aprendido y transmitido a lo largo de los años los mejores chefs del mundo. No empezaron a mejorar ni a innovar hasta que no se les instruyó a fondo con un alto nivel de conocimientos básicos.

La ley del valor dice que toda riqueza surge como resultado del aumento del valor. Las principales fuentes de valor hoy en día son el tiempo y el conocimiento. Tu capacidad para adquirir los conocimientos, ideas, percepciones y habilidades clave que necesitas y aplicarlos para mejorar la vida o el trabajo de otra persona determina las recompensas económicas de las que disfrutarás. No hay otra forma de disfrutar permanentemente de esas recompensas.

Si expresáramos la ley del valor de otro modo, diría que debes centrarte constantemente en aumentar tu contribución al mundo. El beneficio para el cliente, el valor para el cliente y la mejora de la vida de los demás son la verdadera fuente de valor duradero y riqueza definitiva.

LOS SIETE SECRETOS DEL VALOR

Hay siete secretos para aumentar el valor. Cualquiera de ellos puede bastarte para alcanzar el éxito económico. Cuando empieces a combinar estas ideas, tu vida económica avanzará más rápido que nunca.

VELOCIDAD

Aumenta la velocidad con la que aportas valor. Todo el mundo es impaciente. Una persona que hasta hoy no se había dado cuenta de que quería tu producto o servicio, ahora lo quiere para ayer. La gente percibe una correlación directa entre la velocidad y el valor. Alguien que puede hacerlo por ti con rapidez es considerada una persona mejor y más competente, que ofrece una mayor calidad que otra que lo hace lentamente o cuando se le antoja. Todas las innovaciones que se dan en la actualidad en el mundo de los negocios tienen por objeto reducir el tiempo y aumentar la velocidad necesaria para satisfacer a los clientes. Todos los avances tecnológicos están destinados a reducir la cantidad de tiempo necesaria para un proceso determinado.

> La gente percibe una correlación directa entre la velocidad y el valor.

Las palabras de moda en gestión, como reingeniería, reestructuración, reorganización y reinvención, tienen que ver con la racionalización del proceso de creación y entrega de bienes y servicios para que las compañías puedan hacerlos llegar a sus clientes más rápidamente que sus competidores. Todo lo que necesitas es una buena idea que sea un 10% nueva, mejor o diferente de como se hacen las cosas hoy en día, y puede que tengas el punto de partida de una gran fortuna. Gracias a los teléfonos inteligentes, la gente puede hacer y recibir llamadas al instante esté donde esté. Federal Express creó una industria valorada en 45 000 millones de dólares a partir de la entrega de cartas y paquetes al día siguiente. La velocidad está en el centro de la mayoría de los negocios y fortunas personales de mayor crecimiento.

Fíjate en tu sector y en tu trabajo. ¿Dónde ves las oportunidades de aportar valor a tus clientes con mayor rapidez que hasta hoy? ¿Cómo podrías arañar un segundo, un minuto, una hora o un día a los tiempos de entrega? General Motors tardaba cuatro años en diseñar un automóvil nuevo. Entonces, los japoneses racionalizaron su sistema de desarrollo para poder crear un carro nuevo en 18 meses. En la actualidad todas las grandes empresas automovilísticas están trabajando para reducir sus tiempos de diseño, desarrollo y distribución por debajo de un año. Y cada nuevo récord de velocidad para satisfacer a los clientes se convierte en el mínimo que debe igualar el próximo competidor. Sigue pensando cada día en cómo podrías acelerar el proceso de entrega de tus productos y servicios a tus clientes. Es una auténtica fuente de valor.

CALIDAD

La segunda clave para crear riqueza es ofrecer mejor calidad que tus competidores al mismo precio. La calidad la define el cliente. La mejor forma de definir la gestión de la calidad total es averiguar qué quieren realmente tus clientes y dárselo antes que tus competidores. Calidad no significa solo mayor durabilidad o excelencia en el diseño. Se refiere, en primer lugar, a la utilidad, al uso que el cliente pretende dar al producto o servicio. Es la necesidad o el beneficio específico que busca el cliente lo que define la calidad en su mente.

Una gran cantidad de entrevistas con clientes dejan claro que, para ellos, la calidad incluye no solo el producto o servicio, sino la forma en que se presta. Por eso puede decirse que McDonald's ofrece una calidad excelente en cuanto al deseo del cliente de rapidez, valor, limpieza y precio. McDonald's no intenta competir con los restaurantes gourmet, sino que da al gran público exactamente lo que quiere en la forma y al precio que lo quiere.

¿Cómo puedes aumentar la calidad de lo que haces en función de lo que realmente quiere tu cliente? Te doy la clave: escucha las reclamaciones. De hecho, deberías preguntar regularmente a tus clientes si tienen alguna sugerencia para mejorar tus productos o servicios. Si invitas sinceramente a tus clientes a que te den su opinión, te darán ideas sobre lo que puedes hacer para satisfacerlos aún más. Estas ideas pueden darte la ventaja ganadora en tu mercado.

A veces la gente equipara velocidad con calidad. Domino's Pizza ha creado una industria multimillonaria entregando pizzas en 30 minutos. Para el comprador hambriento de pizza la rapidez es calidad y la calidad es rapidez.

AÑADE VALOR

La tercera clave de la riqueza es buscar formas de añadir valor a todo lo que haces. Recuerda que todo el mundo en un sector determinado ofrece lo mismo. Estos factores se convierten en el mínimo básico, o la norma esperada, en el mercado. Si quieres destacar, tienes que *añadir un plus* a todo lo que haces para que tu cliente te perciba a ti y a tu oferta como superiores a la de tus competidores.

Puedes añadir valor a un producto o servicio mejorando el envase o el diseño, y simplificando su método de uso. Apple transformó el mundo de las computadoras haciéndolas fáciles de usar para la persona poco sofisticada. La sencillez se convirtió en una enorme fuente de valor añadido para Apple y para innumerables empresas que han seguido el mismo camino.

Un vendedor añade valor haciendo mejores preguntas, escuchando con más atención y adaptando y personalizando con cuidado su producto o servicio exactamente a lo que quiere el cliente. Como resultado, el cliente percibe que el vendedor es un recurso más valioso que otro vendedor que no le presta tanta atención.

COMODIDAD

La cuarta clave para aumentar la riqueza es aumentar la comodidad a la hora de comprar y utilizar tu producto o servicio. Los restaurantes de comida rápida son un ejemplo sencillo de lo mucho que la gente está dispuesta a pagar por la comodidad. Paga entre 15 y 20% más por producto si no tienen que manejar hasta una tienda de comestibles.

Los cajeros automáticos, que están abiertos las 24 horas del día, son un ejemplo de cómo los bancos han podido aumentar su valor percibido logrando que a los clientes les sea más fácil meter y sacar dinero. Los autoservicios de comida rápida son otro ejemplo. La rapidez en la recogida y entrega de cualquier producto o servicio facilita que el cliente te patrocine.

¿Cómo podrías aumentar la facilidad con la que los clientes usan tu producto o tus servicios? ¿Cómo podrías hacer que fuera tan fácil tratar contigo que tus clientes ni siquiera pudieran pensar en tratar con nadie más?

> ¿Cómo podrías hacer que fuera tan fácil tratar contigo que tus clientes ni siquiera pudieran pensar en tratar con nadie más?

SERVICIO AL CLIENTE

La quinta clave para aportar valor es mejorar el servicio al cliente. En las personas predominan las emociones: les afecta mucho la amabilidad, la alegría y la utilidad de los representantes de atención al cliente. Muchas compañías utilizan el servicio de atención al cliente como principal fuente de ventaja competitiva en un mercado que cambia rápidamente. Nordstrom es una de las cadenas de grandes almacenes con más éxito de Estados Unidos, no porque tenga productos diferentes, sino porque ofrece el servicio de atención al cliente más cálido y amable de todos los grandes minoristas del país.

Walmart pasó de ser unos oscuros grandes almacenes de Bentonville, Arkansas, al mayor minorista del mundo porque se convirtió en un lugar agradable y alegre donde podías comprar rápido. Cuando los empleados de Walmart se hacen mayores, se convierten en recepcionistas. Se sitúan en las puertas de las tiendas y dan la bienvenida a los clientes que entran, dándoles las gracias por comprar en Walmart. Gracias a estas innovaciones, el fundador de Walmart, Sam Walton, amasó una fortuna en la década de 1940 con nada más que una tienda en quiebra y una vieja camioneta. A finales de 2022 el patrimonio neto de Walmart era de 429 000 millones de dólares.

¿Dónde ves formas de mejorar el servicio al cliente para ganar ventaja frente a tus competidores? Las formas en que puedes hacer mejor tu trabajo y satisfacer más a tus clientes son prácticamente ilimitadas; el límite está en tu imaginación.

CAMBIA TU ESTILO DE VIDA

La sexta clave para crear riqueza es el cambio en los estilos de vida, y el impacto que están teniendo en los patrones y comportamientos de los consumidores en todo el país.

Cada vez hay más personas mayores. También hay una tendencia nacional hacia el *cocooning*, es decir, a quedarse más en casa y hacer que el entorno doméstico sea más agradable. Los gustos de los jóvenes son muy diferentes de los de los jóvenes de hace una generación. Hay más gente que quiere viajar y tomarse vacaciones, lo que ha creado un auge en los sectores de viajes y ocio. Los cambios en los estilos de vida y la demografía pueden crear oportunidades que te permitan ofrecer un producto o servicio a un mercado claramente identificable que puede hacerte rico en poco tiempo.

¿Qué tendencias ves que puedes explotar ofreciendo nuevos productos y servicios mejores? ¿Cómo puedes reorganizar y rediseñar tus esfuerzos para atraer a los clientes con nuevos productos y servicios, mejores, diferentes y más baratos?

DESCUENTO

La séptima clave para crear riqueza son, sencillamente, los descuentos: vender mayores volúmenes de productos y servicios a más y más gente a precios cada vez más bajos. Habrás oído decir que si quieres cenar con la burguesía, tienes que vender a las masas. Hay historias de éxito increíbles como la de Costco, que ofrece almacenes llenos de productos a granel y a bajo precio, y tiene gente que viene de kilómetros de distancia y abarrota los estacionamientos desde el amanecer hasta el anochecer.

¿Cómo podrías ofrecer un producto o servicio de buen valor a un precio más bajo? ¿Cómo podrías reducir los costos de hacer llegar el producto a los clientes y transmitirles el ahorro a ellos?

Cuando pienses en aumentar la velocidad de entrega de tu producto o servicio, mejorar la calidad, añadir valor, aumentar la comodidad, ofrecer un mejor servicio al cliente, adaptarte a los estilos de vida y tendencias cambiantes y reducir el costo, te asombrará la increíble cantidad de posibilidades que tienes a tu alrededor. Una idea para beneficiar a los clientes de una forma que nadie más esté haciendo puede lanzarte al éxito económico.

CÓMO VOLVERSE ECONÓMICAMENTE INDEPENDIENTE

Se ha entrevistado y estudiado a decenas de miles de millonarios que lograron serlo por su propio esfuerzo. Las investigaciones demuestran que la mayoría de ellos empezaron sin nada, procedentes de sectores obreros y con una educación limitada. Muchos nunca terminaron la preparatoria. Muchos siguen viviendo en el mismo barrio, y solo ellos saben que valen más de un millón de dólares. Las personas que viven a ambos lados de esa situación pueden ganar más dinero cada mes, pero también pueden tener crisis financieras constantes en su vida. Quienes consiguen ser millonarios por su propio esfuerzo se plantean el tiempo, el dinero y la vida de forma muy diferente.

Te comparto un proceso muy sencillo que puedes seguir para ser económicamente independiente. Su funcionamiento está garantizado. Funciona para todas las personas que lo prueban. Es una forma de aplicar algunas de las leyes de la suerte en tu vida y hacer que estos factores trabajen para ti.

Para conseguir la independencia económica lo primero que debes hacer es fijártela como objetivo. Ponte serio; déjate de tonterías. Todo el mundo desea, espera y reza para que algún día ocurra algo maravilloso que lo salve de sus problemas económicos, pero tú sabes la verdad. Sabes que eres responsable, y que si algo va a ocurrirte, ocurrirá gracias a ti.

Si quieres que tu compañía llegue a valer una determinada cantidad de dinero en el transcurso de los próximos 10 o 20 años, escríbelo como un objetivo, elabora un plan y establece un plazo hasta el día de hoy. Establece metas más pequeñas y fechas más cercanas para ellas de ahora en adelante, para los próximos meses y años. Haz un plan de cómo vas a conseguir ese objetivo y qué vas a hacer en cada paso del camino. Cuanto más detallado sea tu plan para ganar dinero e invertirlo, más probabilidades tendrás de que se haga realidad.

En cuanto tengas un objetivo claro y un plan para alcanzarlo económicamente, debes hacerte la pregunta clave: ¿en qué debes destacar para ganar el dinero que necesitarás para alcanzar esos objetivos? Luego estableces un nuevo conjunto de objetivos para desarrollar estas habilidades y llegar a ser muy bueno en lo que haces. Te comprometes a invertir cualquier cantidad de tiempo, dinero y esfuerzo en convertirte en el tipo de persona que necesitas llegar a ser para merecer el dinero que deseas adquirir. Mi difunto amigo, el orador motivacional Jim Rohn, solía decir que la parte más importante de hacerse millonario es ser el tipo de persona que tienes que ser en tu interior para poder ser un millonario en el exterior. Una vez que te conviertas en ese tipo de persona, aunque pierdas el dinero, volverás a conseguirlo, porque habrás creado el equivalente mental necesario para el éxito económico. Atraerás nuevas oportunidades y posibilidades si te convertiste en millonario en tu propio pensamiento.

Para hacerse millonario es necesario pasar del pensamiento positivo al conocimiento positivo. Debes pasar del deseo y la esperanza a la certeza absoluta de que eres el tipo de persona con las aptitudes y la actitud necesarias para alcanzar el éxito económico. Una vez que tengas esa actitud, nadie podrá quitártela. Durante toda tu vida debes mantener ante ti una visión a largo plazo de tus objetivos económicos, junto con un enfoque a corto plazo para hacer las cosas que tienes que hacer extremadamente bien para merecer el dinero que quieres ganar.

> Para hacerse millonario es necesario pasar del pensamiento positivo al conocimiento positivo.

LA LEY DEL AHORRO

La ley del ahorro es el factor clave que garantiza que alcanzarás tus objetivos de independencia económica. Esta ley dice que si ahorras e inviertes el 10% de tus ingresos a lo largo de tu vida laboral, te jubilarás millonario. En el tercer trimestre de 2022 la mediana de los ingresos semanales de los trabajadores de tiempo completo era de 1 070 dólares, lo que sobre una base anual equivale a 55 640 dólares. Si ahorraras el 10% de esa cantidad y lo invirtieras cuidadosamente a un interés medio del 10% a lo largo de tu vida laboral, valdría más de un millón de dólares; te jubilarías rico. Hay muchos planes de inversión con los que puedes ahorrar dinero y aplazar los impuestos. Estas cantidades crecen con el poder del interés compuesto y a lo largo de una vida laboral te permitirán alcanzar todos tus objetivos económicos.

Ahora estarás pensando que, con tantas facturas y gastos, no podrías ni pensar en ahorrar 10% de tus ingresos. Pero como dijo el difunto empresario y filántropo W. Clement Stone, si no puedes ahorrar dinero, es que las semillas de la grandeza no están en ti.

> "Si no puedes ahorrar dinero, es que las semillas
> de la grandeza no están en ti".
> —W. CLEMENT STONE

Si no puedes ahorrar 10% de tus ingresos, al menos podrás ahorrar 1%. Consigue una alcancía o un tarro y ponlo en tu mesita. Cada noche, cuando llegues a casa, pon en el tarro el equivalente a 1/30 del 1% de tus ingresos mensuales. Supongamos que ganas 4 000 dólares al mes. Como el 1% de 4 000 dólares son 40 dólares al mes, 1/30 de 40 dólares son 1.33 dólares al día. Todo el mundo puede ahorrar 1.33 dólares al día. En lugar de tomarte esa taza de café, ese refresco o fumarte ese cigarro de más, mete el dinero en el tarro. Al final de ese mes, lleva los 40 dólares al banco y mételos en una cuenta de ahorro especial. Yo la llamo así porque no es un lugar donde ahorrar para un carro nuevo, un refrigerador o una autocaravana. Se trata de dinero que guardas para tu independencia económica. Es dinero que decides no tocar ni gastarte nunca, por ningún motivo. Una vez guardado, en lo que a ti te concierne, ha desaparecido para siempre.

Aprende a vivir con el otro 99% de tus ingresos hasta que te sientas cómodo con ello. Entonces aumenta tu tasa de ahorro al 2% de tus ingresos. Pronto te encontrarás ahorrando 10% de tus ingresos y viviendo con el 90% restante sin ningún problema. Además, te encontrarás siendo mucho más responsable económicamente en todas las demás áreas de tu vida. Tanto tus gastos como tus facturas empezarán a reducirse mes a mes.

Pero esto es lo más maravilloso. Se trata de un factor esencial de la suerte, llamado ley de la acumulación. A medida que ahorras pequeñas cantidades de dinero y las inviertes con tus emociones de esperanza y deseo, se desarrolla un campo energético a su alrededor y empieza a atraer más dinero para que lo acompañe.

Habrás oído decir que hace falta dinero para ganar dinero. Esto es cierto. La fuerza de atracción ejercida por el dinero de tu cuenta bancaria crecerá, se expandirá y atraerá más dinero y más oportunidades de aumentar tus ingresos. Cuanto más crezca esta cantidad, más dinero atraerá hacia ti, de la misma forma que un imán más potente atrae trozos de metal desde más lejos. Empezarás a recibir pequeñas primas y aumentos de sueldo inesperados; venderás cosas de tu garaje y obtendrás dinero en efectivo, la gente te devolverá antiguos préstamos y recibirás devoluciones de impuestos que no esperabas. En todos los casos, se trata de la ley de la acumulación y la ley de la atracción en acción. Debes tomar estas cantidades de dinero extra y guardarlas, y acumularlas en tu cuenta hasta que sea cada vez más grande.

Entonces entrará en acción la ley de la oportunidad, otro factor clave de la suerte. Esta ley dice que, cuando estés preparado, se te presentará exactamente la oportunidad adecuada en el momento preciso. Cuando hayas acumulado dinero tendrás la oportunidad de invertirlo en lugares que lo hagan crecer aún más rápidamente. A menudo se te presentará una oportunidad para un negocio o un segundo ingreso, y tendrás el dinero para aprovecharla.

> Cuando estés preparado, se te presentará exactamente la oportunidad adecuada en el momento preciso.

Este capital oportuno es una de las mayores alegrías de la vida. Una persona con dinero en el banco y las facturas bajo control es una persona totalmente diferente en el plano psicológico a otra con una cuenta bancaria vacía y preocupada por las facturas a final de cada mes. Al tener dinero te conviertes en una persona más positiva y optimista, creas un campo de fuerza de energía y atraes a tu vida más personas, ideas, oportunidades y recursos que te ayudarán a avanzar más rápidamente hacia tu objetivo.

DOS GRANDES PELIGROS

Hay dos grandes peligros que pueden sabotear tus deseos de ser económicamente independiente. El primero es la ley de Parkinson, que afirma que los gastos siempre aumentan hasta cubrir todos los ingresos. Para tener éxito debes romper consciente, deliberada y regularmente la ley de Parkinson. Tus gastos pueden aumentar a medida que aumentan tus ingresos, pero nunca debes permitir que suban tanto que consuman todo lo que ganas. Esto puede ser fatal. Si obtienes un aumento salarial del 10%, ahorra 50% o más y mejora tu nivel de vida con el otro 50%. Pero hagas lo que hagas, no te acostumbres a gastártelo todo y un poco más.

El segundo peligro que puede sabotear tus sueños de éxito económico es la mentalidad de hacerse rico rápidamente. Es el deseo de conseguir dinero fácilmente sin trabajar ni pagar el precio total por adelantado. Un viejo proverbio japonés dice que ganar dinero es como cavar en la arena con un alfiler, mientras que perder dinero es como verter agua sobre la arena. Lo único fácil del dinero es perderlo.

Una vez que hayas empezado a guardar tu dinero, aplica el factor suerte llamado ley de la inversión. Esta dice que debes investigar antes de invertir. Debes dedicar al menos el mismo tiempo a estudiar las inversiones que a ganar el dinero. Debes comprender a fondo la inversión antes de desprenderte del dinero que tanto te costó ganar. Si tardas un año en ahorrar 2 000 dólares y luego los pierdes en una inversión mal pensada, no solo habrás perdido el dinero, habrás perdido un año sólido de arduo trabajo. Retrocediste económicamente durante un año insustituible de tu vida.

LOS TRES PILARES DE LA INDEPENDENCIA ECONÓMICA

La última ley del dinero es la ley de la conservación: lo que cuenta no es cuánto ganas, sino cuánto conservas. Es sorprendente la cantidad de personas que ganan una cantidad extraordinaria de dinero durante su vida laboral y acaban dependiendo de sus familiares y del Seguro Social cuando terminan sus años de trabajo.

Los tres pilares de la independencia económica son el *ahorro*, la *inversión* y los *seguros*. Ahorra y reserva de dos a seis meses de gastos, y ponlos en una cuenta del mercado monetario o en un fondo de inversión equilibrado, donde puedan convertirse en efectivo en caso de emergencia. Luego invierte cuidadosamente en cosas que hayas estudiado a fondo, o con personas de éxito a las que conozcas bien y en las que confíes. Por último, debes asegurar adecuadamente tu casa, tu carro, tu vida, tus posesiones y tu negocio. Mucha gente arruina su vida por intentar ahorrarse un par de dólares en primas de seguros.

La acumulación económica debe basarse en el efecto trinquete: cada vez que alcances un determinado nivel financiero debes asegurarlo gestionando y controlando cuidadosamente tu dinero y asegurándote contra cualquier imprevisto que pueda ocurrir. Cualquier dinero a largo plazo es una buena cantidad de dinero, y toda buena cantidad de dinero es dinero conservador.

Por último, la mejor inversión que puedes hacer es en ti mismo: mejorar cada vez más en las habilidades que te permiten ganar dinero en primer lugar. Puedes conseguir el equivalente a una formación universitaria cada año si lees una o dos horas al día, escuchas programas de audio en el carro y asistes regularmente a seminarios y cursos. Este tipo de educación añadirá de 10 a 20%, o incluso más, a tus ingresos anuales cada año. He conocido a muchísima gente que dobló y triplicó sus ingresos en tan solo un año al invertir en sí misma y actualizar sus conocimientos.

Cuando destaques haciendo lo que haces, te pagarán muy bien por ello. Cuando eso ocurra e infrinjas conscientemente la ley de Parkinson, ahorrarás cada vez más de tus crecientes ganancias. Invertirás ese dinero cuidadosamente en cosas que conozcas y con personas en las que confíes. Por el milagro del interés compuesto, saldrás de deudas, construirás una fortaleza financiera y, finalmente, alcanzarás la independencia económica. La gente que te rodea te dirá lo afortunado que has sido, pero tú sabrás la verdad.

CLAVES PARA LA INDEPENDENCIA ECONÓMICA

1. Toda riqueza surge como resultado del aumento del valor. Las principales fuentes de valor hoy en día son el tiempo y el conocimiento.
2. Hay siete secretos para aumentar el valor: rapidez, calidad, añadir valor a un producto, comodidad, servicio al cliente y comprensión de los estilos de vida cambiantes.
3. Si ahorras e inviertes 10% de tus ingresos durante tu vida laboral, te jubilarás millonario.
4. Si ahorras e inviertes tu capital con esperanza y deseo, eso atrae más dinero.

5. Debes infringir conscientemente la ley de Parkinson, que afirma que los gastos siempre aumentan hasta cubrir todos los ingresos.

6. Los tres pilares de la independencia económica son el ahorro, la inversión y los seguros.

Capítulo 8

Usa el poder de tu mente

Tu mente es el activo más importante que tendrás. No existe problema que no puedas resolver, ni obstáculo que no puedas superar, ni ningún objetivo que no puedas alcanzar cuando aprovechas los poderes del cerebro. Eres un genio en potencia; tienes la capacidad de funcionar a niveles de inteligencia y creatividad muy superiores a los que tuviste hasta ahora.

Según lo que se sabe hasta ahora, tu cerebro tiene 86 000 millones de células. Cada una de ellas está conectada e interconectada, como las luces de un árbol de Navidad, con otras 20 000 células. Esto significa que las posibles combinaciones y permutaciones de pensamiento de que dispones es un número mayor que el de todos los átomos conocidos del universo.

El cerebro también tiene enormes capacidades de reserva. Hay historiales médicos de personas que perdieron hasta 90% del cerebro a causa de accidentes. Fueron capaces de funcionar eficazmente con el 10% restante, e incluso de sacar excelentes calificaciones en la escuela.

Según el Brain Institute de la Universidad de Stanford, la persona común no utiliza el 10% de su potencial, como se suele creer, sino cerca del 2%. Una persona común funciona a niveles muy bajos de producción y rendimiento. El inglés tiene más de un millón de palabras, pero una persona común solo utiliza unas 1 200 al día. Alrededor del 85% de todas las conversaciones en inglés se produce utilizando solo 2 000 palabras, y el 95% de las conversaciones se cubre con 4 000 palabras de las más de mil millones de palabras disponibles.

¿Por qué es tan importante el uso de las palabras? Porque cada palabra es un pensamiento. Cuantas más conozcas y puedas emplear, más elevados y complejos serán tus pensamientos. Las personas con un vocabulario limitado tienen una capacidad de pensamiento limitada. Puedes aumentar drásticamente la inteligencia de una persona simplemente aumentando su vocabulario poco a poco. Cada palabra que aprendes te hace consciente de hasta otras 10 palabras. Como resultado, si aprendieras una palabra nueva al día, 365 días al año, en uno o dos años serías una de las personas más inteligentes de nuestra sociedad.

> Cuantas más palabras conozcas y puedas emplear, más elevados y complejos serán tus pensamientos.

Las personas a las que se considera afortunadas han aprendido a activar y utilizar más su capacidad cerebral que la persona común. Han aprendido a sintonizar con su inteligencia a voluntad. Cuando actives tu increíble mente lograrás cosas que asombrarán a todos los que te rodean.

CONCENTRACIÓN Y DECISIÓN

La ley de la concentración dice que aquello sobre lo que reflexionas crece y aumenta en tu vida. Aplicada a la potencia cerebral, esta ley dice que cuanto más te concentras en cualquier pensamiento, problema u objetivo, más se activa tu capacidad mental y se centra en resolver ese problema.

La ley de la decisión también es un importantísimo factor de la suerte. Afirma que cualquier decisión clara y específica para hacer algo definido te aclara la mente y activa tu creatividad. Cuando estás indeciso, cuando no puedes decidir si hacer algo o no, parece que vas de un lado para otro y te distraes con facilidad. A veces te cansas y te deprimes. Pero cuando te decides firmemente por un objetivo o una acción, te vuelves a sentir brillante y optimista de repente, te sientes positivo y renovado. Sientes una oleada de energía y vuelves a sentir que controlas tu vida. Como ya sabemos, tu mente consciente ordena, y la subconsciente obedece. Tu mente subconsciente se pone a trabajar para hacer realidad tus objetivos.

LA FACULTAD DEFINITIVA

Sin embargo, la facultad más poderosa que tienes es tu mente superconsciente. Es la fuente de toda inspiración, imaginación, intuición, percepciones, ideas e incluso corazonadas. Es el centro neurálgico que, cuando se activa correctamente, puede traerte todo lo que desees, desde un sueldo mayor o una pareja que te complemente, hasta la casa de tus sueños.

La existencia de esta mente superconsciente se conoce desde hace siglos. Ralph Waldo Emerson la llamó el alma suprema. Napoleon Hill se refirió a ella como inteligencia infinita. Descubrió que todos los hombres ricos de Estados Unidos habían llegado a ella aprendiendo a acceder a su mente superconsciente con regularidad. A la mente superconsciente se le ha llamado mente subconsciente universal, supraconsciencia e inconsciente colectivo. Cada avance tecnológico, cada obra de arte, cada pieza exquisita de música o literatura, cada destello de genialidad demuestran el poder de la mente superconsciente.

La ley de la actividad superconsciente es el más importante de todos los factores de la suerte. Dice que cualquier pensamiento, plan, objetivo o idea que mantengas continuamente en tu mente consciente debe ser llevado a la realidad por tu mente superconsciente. Imagínate: puedes tener cualquier cosa que desees realmente si eres capaz de pensar en ella, darle vueltas, dotarla de emoción, visualizarla y afirmarla una y otra vez. La verdadera prueba de lo intensamente que deseas algo es tu capacidad para pensar en ello todo el tiempo.

Tu mente superconsciente tiene siete capacidades clave, además de muchas más en las que no podemos adentrarnos ahora. Reconocerás las veces que tu mente superconsciente ha trabajado en el pasado cuando compares estas capacidades con tus experiencias anteriores.

MOTIVACIÓN POR OBJETIVOS

Tu mente superconsciente es capaz de motivarte en función de objetivos. Cuando eres positivo, estás entusiasmado y trabajas para lograr objetivos claros que son importantes para ti, sentirás un flujo continuo de energía y motivación. De hecho, tu mente superconsciente es una fuente de energía gratuita. Cuando estás totalmente implicado en conseguir algo que realmente te importa, necesitarás dormir menos, trabajarás más horas y te sentirás muy bien contigo mismo en todo momento. Pocas veces estarás enfermo o deprimido. Es poco probable que tengas dolores de cabeza o síntomas físicos. Te sentirás como si estuvieras en un subidón psicológico y, de hecho, lo estarás. Cuanto más escribas y reescribas tus objetivos, y cuanto más imagines y emociones la consecución de esos objetivos, más motivado estarás y más energía tendrás.

ACTIVACIÓN SUBCONSCIENTE

Tu mente superconsciente se activa mediante órdenes y afirmaciones claras a tu *subconsciente*. Cada vez que transmites un pensamiento poderoso de tu mente consciente a tu subconsciente, activas también tu mente superconsciente. Cuando visualizas tus objetivos exactamente como te gustaría verlos en la realidad, estimulas a tu mente superconsciente para que los haga realidad.

Existen cuatro aspectos principales de la visualización para estimular tus poderes superconscientes: *vitalidad, duración, intensidad* y *frecuencia*.

En lo que se refiere a la *vitalidad*, existe una relación directa entre la claridad con la que puedes ver los detalles de tu objetivo en tu imaginación y la rapidez con la que aparece en tu realidad. Cuando comienzas a visualizar, tus objetivos estarán borrosos, confusos e indeterminados. Pero cuanto más visualices, más claramente los verás y con mayor rapidez se acercarán a ti.

La *duración* de una visualización se refiere al tiempo que puedes mantener en tu mente una imagen mental de tu objetivo. Cuanto más tiempo puedas mantenerlas (sobre todo justo antes de dormirte o cuando sueñas despierto), más rápidamente estimulará y activará tu mente superconsciente.

La *intensidad* de tu visualización se refiere a la cantidad de emoción que puedes imprimirle a tu imagen mental. Cuanto más emocionado y feliz estés por el objetivo que estás imaginando, mayor impacto tendrá en tu superconsciente.

La cuarta parte de la visualización es la *frecuencia*, que se refiere al número de veces al día que visualizas tu objetivo como una realidad o te ves a ti mismo actuando exactamente de la forma en que deseas hacerlo. Una clave para aprender cualquier habilidad es visualizarte a ti mismo utilizando esa habilidad. Una clave para llegar a ser excelente en cualquier deporte es relajarse y verse a uno mismo rindiendo perfectamente en la competición. Una clave para la buena forma física es visualizarte a ti mismo como el tipo de persona que te gustaría ser. Una parte esencial de la confianza en uno mismo es verse repetidamente actuando con tranquilidad y confianza en cualquier área importante de su vida.

Cuanto más visualices con vitalidad, duración, intensidad y frecuencia, más te programarás internamente para que camines, hables, pienses y actúes en el exterior de un modo perfectamente coherente con las imágenes mentales que has impreso en tu mente subconsciente y superconsciente.

RESOLVER (Y CREAR) PROBLEMAS

La tercera cualidad de tu mente superconsciente es que resuelve automáticamente todos los problemas que te encuentras en el camino hacia tu objetivo, siempre que esté claro. Además, tu mente superconsciente te proporcionará las experiencias de aprendizaje que necesitas para alcanzar el objetivo que te has fijado.

Con frecuencia, cuando te fijas un nuevo objetivo, tu vida toma un rumbo totalmente inesperado. Muchas personas se fijan objetivos para aumentar sus ingresos en los años siguientes y al final acaban despidiéndolas. Más tarde consiguen un nuevo trabajo o montan un negocio y, al echar la vista atrás, se dan cuenta de que nunca habrían alcanzado sus objetivos económicos si hubieran continuado en el antiguo puesto.

> Con frecuencia, cuando te fijas un nuevo objetivo, tu vida toma un rumbo totalmente inesperado.

La mayoría de los hombres y mujeres de éxito de Estados Unidos admitirán que su gran éxito se produjo como resultado de la pérdida inesperada de un trabajo o el hundimiento de una empresa. Al encontrarse en esa situación, tomaron decisiones diferentes y aplicaron cambios que los pusieron en un nuevo camino. Ahí lograron los objetivos que nunca habrían alcanzado si no hubieran perdido ese trabajo anterior.

La mayoría de las personas consigue sus grandes éxitos en un sector distinto del que empezaron. Mientras tuvieran absolutamente claro su objetivo final de independencia económica, sus mentes superconscientes las guiaban de experiencia en experiencia, resolviendo todos los problemas a medida que avanzaban con paso firme hacia el logro final.

LA RESPUESTA ADECUADA EN EL MOMENTO ADECUADO

La cuarta cualidad de tu mente superconsciente es que te da exactamente la respuesta que necesitas en el momento preciso. Por ejemplo, puedes estar pensando en tu objetivo y, de repente, tener la inspiración de llamar por teléfono a alguien con quien hace mucho que no hablas. Le llamas, y resulta que tiene una información muy valiosa que es exactamente lo que necesitas para dar el siguiente paso. Si eres capaz de visualizar a la otra persona con la suficiente claridad, en muchos casos, te llamará. ¿Cuántas veces te ocurrió que estabas pensando en alguien y en un par de minutos suena el teléfono con esa persona al otro lado de la línea? Este es un ejemplo de la mente superconsciente en acción.

CONCENTRACIÓN Y DISTRACCIÓN

La quinta cualidad de tu mente superconsciente es que funciona mejor cuando se cumplen dos condiciones. Debes utilizarlas ambas constantemente en cada problema o en cada objetivo. La primera condición se da cuando te concentras mentalmente, con toda tu atención, en resolver un problema o alcanzar un objetivo. La segunda es cuando tu mente está completamente ocupada en otra cosa. A continuación, te daré algunas técnicas para activar tu mente superconsciente utilizando ambos métodos.

PREPROGRAMACIÓN

La sexta: tu mente superconsciente es capaz de preprogramarse. Puedes dar una orden desde tu mente consciente a través de tu subconsciente a tu superconsciente, que actuará según la orden exactamente en el momento y de la forma adecuados.

Por ejemplo, puedes preprogramar la mente para despertarte a la hora que quieras, en cualquier lugar, sin importar cuántas zonas horarias hayas cambiado. Ya no tendrás que usar un despertador. Si quieres despertarte a las 6:30 de la mañana, puedes programar la idea en tu mente e irte a dormir. A las 6:30, aunque la habitación esté completamente a oscuras, te despertarás y estarás totalmente despierto.

Puedes utilizar tu mente superconsciente para encontrar estacionamiento en zonas concurridas. Conozco a personas que nunca tienen problemas para encontrar estacionamiento vayan donde vayan. Se limitan a relajarse y visualizar que se libera un lugar cuando llegan a su destino. En casi todos los casos, si preparaste tu mente y tu objetivo está claro, el lugar de estacionamiento estará ahí o se liberará cuando llegues.

También puedes preprogramar tu mente superconsciente con una pregunta o problema antes de dormir. Articula claramente el problema en forma de pregunta, y entrégaselo a tu mente superconsciente conforme te vayas quedando dormido. A la mañana siguiente, abrirás los ojos y, mientras te levantas y te pones en marcha, aparecerá la respuesta exacta para ti, en la forma exacta en que la necesitas. A veces será un destello repentino de intuición; otras, un comentario de tu pareja o una llamada telefónica temprano. A menudo será algo que aparezca en tu periódico matutino.

En cualquier caso, debes utilizar esta facultad de preprogramación continuamente. Cada noche, antes de acostarte, programa cada problema que tengas en tu mente superconsciente y pídele una solución. Después, olvídate de él hasta que aparezca la solución.

COHERENCIA CON EL CONCEPTO DE TI MISMO

La séptima cualidad de tu mente superconsciente, y quizás la función más importante, es que hace que todas tus palabras, tus acciones y sus efectos se ajusten a un patrón coherente con el concepto que tienes de ti mismo y tus objetivos dominantes. Tu mente superconsciente te guiará para que digas y hagas exactamente las cosas adecuadas en el momento adecuado para ti. Tu mente superconsciente también te impedirá decir o hacer cosas que resultarían inapropiadas o incorrectas. Funciona mejor en un clima mental de calma, confianza y expectativas positivas. Cuanto más relajado, confiado y dispuesto estés a que todo funcione en tu beneficio, más rápidamente trabajará tu mente superconsciente para conseguir lo que deseas.

> Tu mente superconsciente funciona mejor
> en un clima mental de calma, confianza
> y expectativas positivas.

Como tal vez ya te habrás dado cuenta, tu mente superconsciente es la verdadera sede del poder de atracción. Cuando afirmas, visualizas y dotas de emoción continuamente tus objetivos con una actitud de expectación tranquila y confiada, estimulas el poder de atracción y atraes a tu vida a las personas y circunstancias que necesitas, exactamente como y cuando las necesitas, para que te permitan alcanzar los objetivos que son más importantes para ti. Cuando liberes de manera sistemática el poder de tu mente superconsciente, conseguirás más en un par de años que la mayoría de la gente en toda su vida.

SENTIDO COMÚN

Un factor clave de la suerte es el buen juicio, o lo que a menudo se denomina sentido común. El sentido común suele definirse como la capacidad de reconocer patrones que viste en el pasado. Evaluar de modo continuo tus experiencias puede proporcionarte ideas y percepciones inestimables para el éxito. Conforme vayas adquiriendo más conocimientos y experiencia, podrás llegar a conclusiones más rápidas y mejores con cada vez menos información. Verás los contornos de un patrón y llegarás rápidamente a una conclusión gracias a tu experiencia pasada y a tu capacidad para reconocer los factores clave. Como se suele decir, podrás unir los puntos con mayor rapidez.

Tu mente superconsciente desempeña un papel valiosísimo para mejorar tu juicio y aumentar tu sentido común. Te permite ver una situación en su totalidad y saber intuitivamente qué hacer y decir al momento siguiente. Los hombres y las mujeres se hacen grandes cuando escuchan sus voces interiores y confían en sus intuiciones. Consigues cosas extraordinarias cuando combinas tu conocimiento consciente, tu memoria subconsciente de experiencias anteriores, y tu capacidad superconsciente de incorporar tus conocimientos y habilidades anteriores a nuevas ideas y percepciones.

LLUVIA DE IDEAS

Hay dos formas de estimular tu mente superconsciente. Una es pasiva y la otra activa. Debes usar ambas para cualquier problema.

Empecemos por los métodos activos. Quizás el más poderoso sea la lluvia de ideas. Mucha gente ha tenido más éxito gracias a esta sencilla técnica que con cualquier otra. Cuando empieces a utilizarla tu vida despegará como si acabaras de pisar el acelerador. Llevo años enseñando esta técnica de lluvia de ideas, y todos los que la prueban se quedan asombrados de las mejoras inmediatas que empiezan a producirse en su vida.

El método de lluvia de ideas es sencillo: toma un trozo de papel y en el encabezado escribe tu objetivo o problema en forma de pregunta. Formúlala lo más específica y clara posible para que tu mente pueda involucrarse activamente para elaborar respuestas. Por ejemplo, si quieres aumentar un 25% tus ingresos en los últimos 12 meses, y actualmente ganas 100 000 al año, podrías escribir una pregunta parecida a: "¿Cómo podría aumentar mis ingresos en un 25% en los próximos 12 meses?". Una reformulación aún mejor de la pregunta sería: "¿Qué puedo hacer para ganar 125 000 dólares en los próximos 12 meses?". Tu elección de la pregunta tendrá un impacto importantísimo sobre la calidad de las respuestas que surjan.

Una vez escrita la pregunta, escribe 20 respuestas. Esto es muy importante: debes generar un mínimo de 20 respuestas a tu pregunta, y no es tan fácil como parece. Por supuesto, las tres, cuatro o cinco primeras serán fáciles. Se te ocurrirán ideas sencillas como "trabajar más", "trabajar más tiempo" o "recibir formación adicional". Las respuestas de la cinco a la 10 serán mucho más difíciles, y de la 10 a la 20 serán las más complicadas, pero este ejercicio es más eficaz cuando te concentras en encontrar cada vez más respuestas a la misma pregunta.

Muchísimos alumnos de mis seminarios descubrieron que su vigésima respuesta es exactamente la intuición que estaban buscando. Un empresario que llevaba seis meses luchando con un problema dio con la solución perfecta con la vigésima respuesta la primera vez que probó este proceso.

Cuando hayas generado 20 respuestas, revísalas y selecciona al menos una sobre la que vayas a actuar de inmediato. Esto también es muy importante: cuanto más rápido actúes sobre una nueva idea, mayor será el flujo posterior de nuevas ideas centradas en ese objetivo o problema. Cuantas más ideas pruebes, más probabilidades tendrás de hacer exactamente lo correcto en el momento adecuado, y tendrás lo que otras personas llaman suerte.

Si utilizaras esta idea cinco días a la semana en tus principales objetivos o problemas, generarías 20 ideas al día, o 100 ideas a la semana. A lo largo de un año generarías 5 000 ideas nuevas (y eso suponiendo que ni te molestes en pensar en tus vacaciones). Si pusieras en práctica una idea nueva al día, cinco días a la semana, 50 semanas al año, estarías poniendo en práctica 250 ideas nuevas cada año. Dado que a la persona media solo se le ocurren tres o cuatro ideas nuevas al año y normalmente no hace nada con ellas, tu vida brillaría con oportunidades y posibilidades que quizás nunca hubieras imaginado.

Las ideas son las claves del futuro; son la forma de alcanzar los objetivos; son las formas de superar los obstáculos; son las herramientas que utilizas para resolver problemas; te harán más rico, más feliz, más satisfecho, más contento y con más éxito. Las nuevas ideas contienen todos los elementos clave de la suerte.

Cuando uses la técnica de la lluvia de ideas a primera hora de cada mañana, tu mente brillará con ideas creativas durante todo el día. Verás nuevas posibilidades y potenciales, y tendrás ideas para aprovecharlas en cada momento. Los demás se asombrarán de la rapidez con que se te ocurren formas distintas de alcanzar objetivos y soluciones diferentes a problemas persistentes. Y cuanto más desarrolles una reputación de ser altamente creativo, más oportunidades tendrás de utilizar tus nuevas habilidades creativas.

Con respecto a cómo se plantean ideas como la lluvia de ideas, hay dos tipos de personas. Están los que escuchan, asienten con entusiasmo y se van a casa sin hacer nada. Luego están los que escuchan esta idea y actúan inmediatamente (que son el 10% de talentosos, la pequeña minoría creativa).

Es esencial desarrollar el hábito de actuar ante una buena idea cuando la escuchas. Hay una relación directa entre el éxito y la rapidez de la puesta en práctica. Si tienes una gran idea o percepción y no haces nada con ella, no debes sorprenderte de que nada cambie para ti. Se calcula que tienes al menos tres o cuatro ideas al año, yendo y viniendo del trabajo, cualquiera de las cuales te haría millonario. ¿Cuántas veces se te ha ocurrido una idea para un nuevo producto o servicio y no has hecho nada al respecto? Luego, un par de años más tarde, ves a otra persona ganar un millón de dólares con la misma idea. La única diferencia entre tú y esa persona es que tú no actuaste, y ella la tomó y la puso en marcha inmediatamente.

Actúa ante una buena idea cuando la escuches.

No te subestimes. El hecho de que se te ocurra una idea o una intuición para mejorar la vida o el trabajo de otra persona significa que probablemente tengas la capacidad de ejecutarla. Por la ley de la atracción y la ley de la actividad superconsciente, atraerás a tu vida todo lo que necesites para hacer realidad tu objetivo o plan, siempre que lo tengas claro y quieras conseguirlo de verdad.

La lluvia de ideas estimula tu corteza reticular y aumenta tu sensibilidad y conciencia hasta un grado muy elevado. Te vuelves increíblemente perceptivo al darte cuenta de pequeñas cosas que pueden combinarse con otras ideas y percepciones para crear nuevas respuestas y soluciones para ayudarte a avanzar con más rapidez.

Tu mente superconsciente se activa, en general, por tres factores. Estos son, en primer lugar, objetivos intensamente deseados; segundo, problemas acuciantes; y tercero, preguntas bien formuladas. Utiliza estos tres factores tan a menudo como puedas para maximizar tu capacidad creativa. Los objetivos que se desean con intensidad, y van respaldados por un deseo ardiente, entusiasmo y emoción, activan tu mente superconsciente y te estimulan a niveles superiores de alerta ante las posibilidades que te rodean. Los problemas acuciantes que deseas resolver fervientemente, acompañados de ejercicios mentales regulares, son maravillosos estimulantes de la creatividad. Por último, las preguntas bien formuladas, quizás la forma más fiable de estimular nuevas ideas, son a menudo la clave para potenciar tu creatividad.

RESOLUCIÓN SISTEMÁTICA DE PROBLEMAS

Otro método activo para estimular tu mente superconsciente es la *resolución sistemática de problemas*. A lo largo de los años he desarrollado un método de siete pasos que te permite utilizar mucho más tus capacidades de pensamiento; más de lo que podrías hacerlo si simplemente te lanzaras ante un obstáculo o dificultad, como hace la mayoría de la gente.

La resolución sistemática de problemas es un rasgo distintivo del genio en todos los campos. La investigación demuestra que los genios abordan cada dificultad con una metodología y un proceso específicos. Cuando empleas un método sistemático, empiezas a funcionar también como un genio. Además, un método te permite utilizar todas tus capacidades mentales y activa tu mente superconsciente para que te proporcione las percepciones e ideas que necesitas.

1. Aborda el problema con calma, confiando en que hay una solución lógica y factible esperando a ser encontrada. Este planteamiento te tranquiliza, te relaja y abre tu mente creativa para que esté receptiva a todas las formas diferentes en que puedes resolver el problema. Debes asumir desde el principio que todo problema contiene en su interior las semillas de su propia solución. En efecto, la solución es la otra cara del problema. Está ahí, esperando a que la encuentres. Como he dicho antes, tu objetivo es orientarte hacia la solución en lugar de hacia el problema, y enfocarte hacia el futuro en vez de hacia el pasado. Cuando pienses y hables en términos de posibles soluciones, tu mente

estará tranquila, positiva, brillante, clara y en pleno funcionamiento.

2. Define el problema como un reto o como una oportunidad. Las palabras son importantes. Tienen el poder de crear emociones, positivas o negativas. La elección de determinadas palabras al describir un problema puede aumentar o disminuir la presión arterial, la frecuencia cardiaca y la frecuencia respiratoria. De hecho, *problema* en sí es a menudo una palabra negativa y aterradora que provoca tensión y preocupación. Imagina cómo te sientes cuando alguien te llama y te dice: "Tenemos un verdadero problema". Inmediatamente te sientes inquieto y molesto. Pero si te refieres a cada problema o dificultad como un reto o una oportunidad, comenzarás a esperarlos con impaciencia.

A veces a los asistentes a mis seminarios les digo que sé a qué se dedica cada uno de ellos. Puedo ver las caras de desazón sonriéndome, pero la respuesta es sencilla: sea cual sea tu trabajo, tu verdadero trabajo es resolver problemas. Donde no hay problemas que resolver, no hay trabajo. Cuanto más difíciles, complicados y caros sean los problemas, mayores oportunidades tendrás de ascender rápidamente y ganarte la vida de maravilla. Las personas mejor pagadas de cada sector son los mejores solucionadores de problemas de ese sector.

Recuerda, un objetivo no cumplido es solo un problema sin resolver. Tu trabajo consiste en encontrar formas de superar, sobrepasar, rodear y atravesar cualquier obstáculo o dificultad que se interponga en tu camino. Tu capacidad para hacerlo determinará tu calidad de vida, tanto en casa como en el trabajo. El maravilloso descubrimiento de Napoleon Hill —que "cada adversidad, cada fracaso, cada angustia lleva la semilla de un beneficio igual o mayor"— es una de las grandes ideas sobre el éxito. Tu tarea consiste en ver cada dificultad como un reto que se te envió para hacerte mejor y más inteligente. Luego, busca en la dificultad la ventaja o el beneficio que pueda contener.

> "Cada adversidad, cada fracaso, cada angustia lleva la semilla de un beneficio igual o mayor".
> —NAPOLEON HILL

3. Definición del problema o reto. Pregúntate cuál es exactamente el reto. Anótalo. Defínelo con claridad sobre el papel. Un problema definido ya está medio resuelto; un diagnóstico correcto es la mitad de la cura. En cuanto tengas la situación claramente definida, pregúntate qué más supone un problema. Las preguntas bien formuladas son potentes estimulantes de la creatividad. Cuantas más formas distintas puedas encontrar para formular y reformular tu problema, más ideas y planteamientos distintos se te ocurrirán.

Si tus ventas bajaron, podrías definir tu problema diciendo simplemente que las ventas bajaron. Pero, ¿y si decidieras replantear el problema de distintas maneras? Podrías decir algo como: "Nuestras ventas no son tan altas como nos gustaría" o "no vendemos tantos productos o servicios como nos gustaría". Incluso podrías decir: "Nuestros competidores venden más productos y servicios que nosotros" o "nuestros vendedores no cierran suficientes ventas para que alcancemos nuestros objetivos de volumen" o "nuestros clientes compran más productos o servicios a nuestros competidores que a nosotros". Cuanto más replantees el problema en forma de preguntas diferentes, más susceptible será de recibir soluciones distintas.

4. Identifica todas las posibles causas del problema. Busca tanto las causas evidentes como las ocultas. Pon a prueba tus suposiciones. Pregúntate: "¿Y si estuviéramos por completo equivocados en nuestro planteamiento de esta situación actual?". Si hicieras exactamente lo contrario, ¿qué cambios se aconsejarían? Las suposiciones erróneas están en la raíz de todos los fracasos. Puede que de manera inconsciente hayas supuesto algo que no es cierto sobre tu producto, tu servicio, el mercado, la competencia o tus clientes. Toda buena investigación científica se basa en la comprobación exhaustiva de hipótesis o supuestos. ¿Cuáles son las tuyas?

5. Define todas las soluciones posibles. Escribe todas las soluciones obvias, y luego algunas de las no tan obvias. Elige soluciones opuestas a las soluciones obvias. A veces la solución es no hacer nada. A veces es hacer algo totalmente distinto. Cuantas más soluciones se te ocurran a partir de tu definición del problema y de las realidades del mismo, más probabilidades tendrás de dar con la solución ideal.

6. Toma una decisión entre las soluciones. Cualquier decisión suele ser mejor que ninguna. Una decisión clara e inequívoca estimula la creatividad, genera energía y activa tu mente superconsciente.

Cualquier decisión suele ser mejor que ninguna.

7. Asigna la responsabilidad de poner en práctica la solución, pasa a la acción y ponte en marcha lo antes posible. Muchas personas cambiaron su vida siguiendo este proceso y lo culminaron con alguna acción inmediata y concreta. Las personas exitosas no son las que toman las decisiones correctas todo el tiempo, sino las que toman bien las decisiones. En cuanto avanzas hacia una solución o pones en práctica una decisión, empiezas a recibir información de tu entorno. La retroalimentación te permite autocorregirte continuamente. A medida que aprendes y corriges tu rumbo, te vuelves más agudo y mejor y avanzas cada vez más rápido hacia tu objetivo, pero no ocurre nada hasta que actúas.

Estos dos métodos activos, la lluvia de ideas y el método sistémico de la resolución de problemas, te permitirán conseguir más de lo que habías imaginado posible. Pero puedes emprender otra serie de actividades: los métodos pasivos.

EL MÉTODO PASIVO

La ley de la relajación dice que en todo trabajo mental el esfuerzo se vence a sí mismo. Cuanto más te relajes, te sueltes y entregues los problemas a tu mente superconsciente, más rápidamente trabajará para ti.

Puedes utilizar métodos pasivos para activar tu mente subconsciente de varias formas. Soñar despierto es una forma maravillosa de relajar la mente y permitir que destellos de perspicacia irrumpan en tu conciencia. Escuchar música clásica, pasear por la naturaleza o simplemente sentarte relajado, meditar o contemplar, abre tu mente a inspiraciones que pueden ahorrarte miles de dólares y años de arduo trabajo.

Quizás el mejor método para el pensamiento creativo sea la soledad. Siéntate completamente quieto de 30 a 60 minutos, sin moverte, sin tomar café, sin fumar, ni siquiera escuchando música. Tan solo siéntate perfectamente quieto y espera en el silencio a que te llegue la voz de la inspiración. Tienes claro lo que quieres, utilizaste tu mente consciente para analizar de manera detallada tus problemas y empleaste la lluvia de ideas para llenar tu mente de ideas. Así, siéntate con tranquilidad en soledad y espera la respuesta. Recibirás percepciones que pueden cambiar por completo el curso de tu vida.

CLAVES PARA AUMENTAR LA CAPACIDAD CEREBRAL

1. Para mejorar tu capacidad de pensar, aumenta tu vocabulario.
2. Cuanto más te concentres en un problema, más activarás tu capacidad mental para resolverlo.
3. Hay cuatro aspectos clave de la visualización: *vitalidad, duración, intensidad* y *frecuencia.*
4. Tu mente superconsciente hace que todas tus palabras y acciones se ajusten a un patrón coherente con el concepto que tienes de ti mismo y tus objetivos dominantes.

5. Puedes llegar a ser grande si escuchas tus voces internas y confías en tus intuiciones.

6. Usa el proceso de la lluvia de ideas para resolver problemas y alcanzar objetivos.

7. Utiliza también métodos pasivos de resolución de problemas: sueña despierto y practica la soledad meditativa.

Capítulo 9

Atención a los resultados

El factor de la suerte por excelencia es tu capacidad de obtener resultados por los que la gente esté deseando pagarte, ascenderte, hacerte progresar, abrirte puertas y hacerte subir hasta los escalones más altos de tu profesión.

La ley de los resultados es la parte más importante de la suerte. Dice que tus recompensas siempre equivaldrán a la calidad, cantidad y oportunidad de los resultados que consigas para otras personas. Todo el mundo es egoísta; todo el mundo sintoniza su estación de radio favorita, WII-FM: "¿Qué gano yo?". Evaluamos a otras personas en función de su capacidad para ayudarnos a conseguir las cosas que queremos. Las personas más capaces de ayudarnos a conseguir lo que queremos más rápido y más fácilmente son a las que más recompensamos.

La ley de la contribución fluye directamente de la ley de los resultados. Dice que tus recompensas económicas en la vida siempre serán directamente proporcionales al valor de la aportación que haces, ya que ese valor lo determinan otras personas.

En una economía de mercado es el cliente quien determina todos los precios, incluidos sueldos, salarios y comisiones, por las cosas que está dispuesto a comprar y la cantidad en que está dispuesto a comprarlas. Las compañías no fijan los sueldos ni los salarios, lo hacen indirectamente; se limitan a transmitir los juicios del mercado. Organizan los esfuerzos de otros y los combinan para producir productos y servicios por los que la gente esté dispuesta a pagar en cantidad suficiente para generar un beneficio que permita a la empresa seguir sobreviviendo y creciendo. Siempre puedes aumentar la calidad y la cantidad de tus recompensas económicas aumentando la calidad y la cantidad de la contribución que haces a los demás. Y, a largo plazo, no hay otra forma de hacerlo.

En la actualidad hay muchas personas en situación de inseguridad laboral y disminución de ingresos porque el mundo ha cambiado drásticamente en las últimas décadas. Hoy en día el componente individual más valioso de cualquier producto o servicio es la cantidad de conocimientos y habilidades que se emplean en él. Si una persona no se comprometió a aprender, crecer y desarrollar de manera continua sus habilidades a un alto nivel, su capacidad de contribuir irá disminuyendo con el tiempo, como el nivel de agua en una cubeta agujereada. Cada vez valdrá menos, y acabará sufriendo despidos, recortes de plantilla, desempleo e inseguridad.

La forma de disfrutar de seguridad laboral y de grandes recompensas es mejorar y aumentar los resultados que puedes obtener para los demás y la contribución que puedes hacer a su vida. Por la ley de la correspondencia, tu nivel de vida será un reflejo especular de tu capacidad para aportar este valor.

Una de las formas más rápidas de crear más oportunidades y llamar la atención de las personas importantes de tu mundo es convertirte en una persona muy orientada a los resultados. Un estudio tras otro indican que la orientación a los resultados es una cualidad clave de las personas mejor pagadas y más respetadas en todos los campos y en todas las sociedades. Los buenos hábitos de trabajo van de la mano de lo que la gente llama suerte. Una persona que trabaja con eficacia y lleva a cabo mucho trabajo de alto valor en el plazo previsto o antes de lo previsto, parece tener golpes de suerte para hacer más trabajo de mayor valor.

> Los buenos hábitos de trabajo van de la mano de lo que la gente llama suerte.

TU ACTIVO MÁS VALIOSO

Según la Universidad de Harvard, el activo más valioso de una compañía es su reputación: cómo la conocen sus clientes. La reputación de una compañía está contenida en la forma en que la gente del mercado habla de ella y la describe. Una reputación excelente añade primas a los precios de los productos o servicios de la compañía. Sony Corporation, por ejemplo, tiene una de las mejores reputaciones del mundo en innovación tecnológica. El nombre Sony en un producto puede aumentar el coste y el valor percibido de ese producto en 20 o 30%, aunque sea básicamente idéntico a otro producto en la misma estantería que lleve un nombre menos conocido, con una reputación menor.

Por la misma razón, tu activo más valioso es tu reputación, especialmente la forma en que te perciben tus clientes y compañeros de trabajo. Todo lo que hagas para mejorar la calidad de tu reputación mejorará el valor percibido de tu contribución. Si a una persona se le conoce por hacer un trabajo excelente, los clientes hacen fila para contratar sus servicios.

Si fueras al médico y este te dijera que tienes que someterte a una operación grave, ¿cuál sería tu primera pregunta? Probablemente sería: "¿Quién es el mejor médico para realizar este tipo de cirugía?". Muchos vendedores y ejecutivos piensan que a los clientes lo único que les preocupa es el precio. Pero este siempre es relativo. Si necesitas una operación delicada, nunca preguntarás: "¿Quién es el médico más barato que puedo conseguir?". El precio ni siquiera es un factor si la calidad del producto o servicio tuviera la importancia suficiente.

Cuando tu reputación te destaque como una de las mejores personas en tu campo, te pagarán mucho más que a una persona normal, y te encontrarás continuamente en demanda. Aprenderás rápido que lo que la gente quiere más que nada es la calidad de los resultados y no tan solo un precio bajo.

¿QUIÉN TRABAJA MÁS?

En la actualidad, en cualquier organización todo el mundo sabe quién es el que más trabaja, el segundo, el tercero y así sucesivamente. Si los expertos en eficiencia entrevistaran a todos los empleados de tu compañía y les pidieran que calificaran a sus compañeros, descubrirías que, en realidad, todo el mundo sabe y está de acuerdo en quién trabaja más y quién menos, y todos los que están en medio.

Las personas que ascienden a puestos de importancia son sin duda las más trabajadoras, las más dedicadas y las más comprometidas en ese campo. Por tanto, son muy sensibles a otras personas que son como ellas. Dios los cría y ellos se juntan. No hay forma más rápida de atraer la atención y el apoyo de las personas que pueden ayudarte que adquirir la reputación de ser una de las personas que más trabajan, si no la que más.

No es difícil duplicar e incluso triplicar tu producción. Utilizando una serie de métodos probados, puedes aumentar drásticamente tus resultados. Con estas técnicas, que practican las personas de mayor rendimiento y mejor pagadas de todas las organizaciones, conseguirás hacer más cosas con más facilidad y tendrás más tiempo libre del que crees posible ahora mismo.

LA NATURALEZA DEL TIEMPO

Hay algunos principios clave relativos al tiempo que debes conocer. En primer lugar, el tiempo es inelástico, no se puede estirar. Es fijo y transcurre con una regularidad absoluta e imparable. Este es un hecho de la naturaleza al que debes ajustarte, porque no se puede cambiar. El tiempo es limitado. No puedes disponer de más. Tienes 24 horas justas cada día, y la calidad de tu vida vendrá determinada por cómo las emplees.

Puedes saber cuáles son tus verdaderos valores y creencias (sobre todo lo valiosa que consideras cualquier parte de tu vida) por la cantidad de tiempo que estás dispuesto a invertir en ellos.

Empiezas tu vida con muy poco dinero y mucho tiempo. Si eres inteligente, acabarás tu vida con mucho menos tiempo, pero tendrás suficiente dinero para ser económicamente independiente y estar cómodo.

Durante toda tu vida llevas a cabo distintas actividades comerciales. Intercambias tiempo por resultados, recompensas y satisfacciones. En un momento dado puedes mirar dónde estás hoy y medir lo buen comerciante que fuiste en el pasado. Una persona que vale mucho dinero a los 30 o 40 años es una persona que ha sido un operador excelente en términos económicos. Invirtió su tiempo en aprender, adquirir habilidades, fijar objetivos, organizar su vida y desarrollarse personal y profesionalmente. Como resultado, ahora puede intercambiar su tiempo por grandes recompensas en el mercado. Este debe ser también tu objetivo.

Otro punto clave: el tiempo no se puede ahorrar. Solo se puede gastar. Solo puedes quitar tiempo de actividades de bajo valor y metérselo a actividades de alto valor. Las personas tienen éxito porque dedican más tiempo a hacer cosas de alto valor, que les hacen avanzar hacia sus objetivos. La gente fracasa porque pasa demasiado tiempo haciendo cosas de poco valor o sin valor, que, o bien la acercan lentamente a sus objetivos o, peor aún, la alejan de ellos. Siempre eres libre de elegir. En cada momento puedes decidir dedicar tu tiempo a actividades de alto valor o a actividades de bajo valor. La suma total de tus elecciones se sumará a la calidad total de tu vida. Siempre depende de ti.

El tiempo no se puede ahorrar. Solo se puede gastar.

La ley del esfuerzo aplicado dice que cualquier objetivo, tarea o actividad es susceptible del esfuerzo sostenido del trabajo duro. Hay muy pocas cosas que no puedas lograr si estás dispuesto a trabajar en ello el tiempo suficiente y con la suficiente intensidad, y a persistir frente a todos los obstáculos hasta que triunfes. El trabajo duro es y siempre ha sido la clave del éxito.

Sin embargo, hay una excepción: actualmente eres un trabajador intelectual. Los trabajadores intelectuales tienen dos características principales. En primer lugar, al principio se preocupan más por determinar lo que hay que hacer que cómo o cuándo hay que hacerlo. En segundo lugar, a diferencia de los obreros, no se les mide en función de actividades, sino de resultados mensurables que la gente pueda contar, utilizar y vender en el mercado.

Lo más importante es identificar de antemano qué hay que hacer exactamente y en qué orden de importancia. Luego debes tener la disciplina personal necesaria para hacer las cosas que debes hacer cuando debes hacerlas, te apetezca o no. Esta es la cualidad más importante que puedes desarrollar; es la esencia del carácter y de los logros.

LA VISIÓN A LARGO PLAZO

El éxito es en gran medida una cuestión de actitud: la actitud crítica para tener éxito y vivir lo que se llama una vida afortunada es tu actitud frente al tiempo. Las personas con una perspectiva a largo plazo tienen invariablemente más éxito que las que solo tienen una perspectiva a corto plazo. Desarrollas la perspectiva a largo plazo planificando tu vida a 10 o 20 años. Luego vuelves al presente y planificas tus objetivos, prioridades y actividades en términos de dónde quieres estar dentro de equis años.

Menos del 3% de los estadounidenses tienen una perspectiva a largo plazo, pero son quienes acaban en la cima de la mayoría de las organizaciones y controlan la mayor parte del dinero y los bienes de nuestro país. Por ejemplo, si ahorras 200 dólares al mes a partir de los 20 años y los guardas en fondos de inversión sólidos invertidos en el mercado bursátil estadounidense, serás millonario cuando te jubiles. Si es tan sencillo, ¿por qué no ahorra todo el mundo a lo largo de su vida laboral y se hace millonario? La respuesta es la falta de perspectiva temporal.

La clave de una perspectiva a largo plazo está recogida en la palabra sacrificio. Retrasar la gratificación siempre ha sido la clave del éxito económico. La voluntad de hacer sacrificios a corto plazo para disfrutar de seguridad y prosperidad a largo plazo es la clave de la suerte y los logros. La falta de voluntad para retrasar la gratificación, la incapacidad para abstenerse de gastar todo lo que ganas y un poco más, es la receta más segura para el fracaso.

Como expliqué antes, el simple hecho de ahorrar dinero te cambia el carácter. Desarrolla tu autodisciplina, hace que te controles más y estés más seguro de ti mismo, te da una mayor sensación de dominio de ti mismo y te obliga a comprometerte con el dolor a corto plazo para obtener beneficios a largo plazo. En el otro extremo, también necesitas una perspectiva a corto plazo para tus actividades, que pretenden alcanzar esos objetivos a más largo plazo.

Si me pidieran que resumiera el *éxito* en dos palabras, elegiría *enfoque* y *concentración*. La capacidad de enfocarte en tus

prioridades más importantes y concentrarte en ellas hasta ter-
minarlas será lo que más determine tu éxito. Podrás ser la persona más brillante de tu campo, guapísimo, educado, agradable
y estar rodeado de muchas oportunidades, pero si no puedes enfocarte ni concentrarte, estos atributos no te servirán de nada.
Te verás fácilmente superado por una persona normal que haya
desarrollado la disciplina necesaria para centrarse y concentrarse
en realizar actividades de alta prioridad cada minuto de la jornada laboral. La capacidad de establecer prioridades claras es la
base de la gestión personal y vital. Todos los fracasos se deben a
prioridades equivocadas y mal orientadas. Todo éxito proviene
de la capacidad de seleccionar las prioridades de forma inteligente y seguir con ellas hasta realizar las tareas más vitales.

> Si me pidieran que resumiera el *éxito* en dos palabras,
> elegiría *enfoque* y *concentración*.

La energía del sol es cálida y suave hasta que se concentra
por medio de una lupa en un único punto; entonces puede que-
mar con mucha intensidad y ocasionar incendios enormes. Un
foco pequeño puede producir un poco de luz, quizás ni siquiera
la suficiente para leer, pero cuando esa luz se concentra a través de un rayo láser, puede atravesar el acero. Lo mismo ocurre
con el enfoque y la concentración en las prioridades de forma
constante y persistente, hasta que la concentración te resulte tan
natural como respirar.

GESTIONA TU VIDA MEDIANTE LISTAS

Hay varios pasos para establecer prioridades claras y conseguir hacer mucho más. El primero es hacer listas de actividades y tareas antes de empezar. El simple hecho de trabajar a partir de una lista aumentará tu productividad en un 25% la primera vez que lo pruebes. Todos los grandes gestores del tiempo y las personas altamente productivas utilizan listas. Del mismo modo que no se te ocurriría ir al supermercado sin una lista de lo que quieres comprar, nunca deberías embarcarte en tu día sin una lista clara o una hoja de ruta de las actividades que deseas lograr.

Hay varios tipos de listas. Una lista maestra, que debería ser el núcleo de tu programa de gestión del tiempo, incluye todas las cosas que se te ocurran para hacer en un futuro próximo. Cuando surja algo, anótalo en tu lista maestra para que no se te olvide. Esta lista puede tener cientos de elementos, algunos para dentro de dos, tres y cinco años.

Tu segunda lista es la lista mensual, que consiste en las tareas importantes que tienes que hacer para tener éxito en tu trabajo, además de los elementos de tu lista maestra que quieres cumplir en los próximos 30 días. Tu lista semanal es una versión más refinada de tu lista mensual, y consiste en las cosas que quieres hacer esta semana. Tu lista diaria es un plano completo de tu día, de la mañana a la noche.

Empieza siempre el día, la semana y el mes con una lista. Haz listas para todo. Piensa en papel. Las personas más productivas piensan siempre con una pluma en la mano. Planifica cada día por adelantado. Organiza tu plan como si fuera el día más importante de tu vida y cada minuto fuera precioso para ti. No cometas el error de empezar por cualquier tarea que resulte ser la más agradable o la más conveniente. Piensa antes de actuar, y luego actúa bien y con eficacia.

La fórmula para evaluar una compañía está contenida en las letras RSI: retorno sobre la *inversión*. Tu fórmula personal de eficacia está contenida en las letras RSTI: retorno sobre el *tiempo invertido*. Todo lo que consigas reflejará si estás obteniendo o no un alto rendimiento por la cantidad de tu vida que inviertes en tus actividades. Tu tarea consiste en obtener el mayor rendimiento posible de todo lo que haces.

Una vez que hayas escrito una lista para el día (preferiblemente la noche anterior, para que tu mente subconsciente pueda trabajar en algunas de tus tareas mientras duermes), establece prioridades. Para decidir qué vas a hacer primero, qué vas a hacer después y qué no vas a hacer tienes que determinar la secuencia lógica y ordenada de acontecimientos que te proporcionará los mayores beneficios por el tiempo invertido.

Una técnica sencilla de gestión del tiempo es el uso de la regla 80/20. En este contexto, esta regla dice que el 80% del valor de cualquier lista de actividades estará contenido en 20% de los elementos de esa lista. A veces el 90% del valor de toda tu lista de actividades puede estar contenido en solo 10% de los elementos o en un elemento.

Nunca caigas en la tentación de librarte primero de las tareas pequeñas. En cuanto hayas establecido un orden de prioridad y hayas identificado el 20% de los elementos que cuentan para obtener los mejores resultados, comienza en lo alto, y no en el medio o por el final. No debes comenzar por las tareas pequeñas porque tienden a multiplicarse. Si empiezas con eso, al final del día seguirás trabajando en ello, y tus tareas y responsabilidades mayores estarán esperando tu atención. Recuerda que las consecuencias de cualquier acción determinan su valor. Todo lo que tenga consecuencias de alto nivel en tu vida o tu trabajo es una prioridad alta. Algo con consecuencias de bajo nivel, o ninguna, siempre es de prioridad baja.

Leer, aprender y mejorar continuamente tus habilidades es una gran prioridad. Las consecuencias a largo plazo para tu vida y tu carrera pueden ser extraordinarias. Puede que no sean actividades urgentes, pero son de vital importancia, y deben incorporarse a tu vida con regularidad. En cambio, hacer una pausa para tomar café o ir a comer no tiene consecuencias. Podrías hacer pausas para tomar café, ir a comer durante 40 años y llegar a destacar en la elección de cafés y menús, pero no tendría ninguna repercusión en tus logros. Piensa siempre en términos de consecuencias antes de empezar. ¿Cuáles son las probables consecuencias de hacer o no hacer algo?

> Tu tarea consiste en obtener el mayor rendimiento posible de todo lo que haces.

EL MÉTODO ABCDE

Aquí es donde el método ABCDE puede ser extremadamente útil. Una tarea A es algo que tienes que hacer; las consecuencias de hacerlo o no son graves. Es importante para tu vida y tu carrera. La gente depende de que tú la lleves a cabo. Es una prioridad alta. Pon una A junto a todos los elementos de alta prioridad de tu lista que tengan que hacerse indefectiblemente, hacerse bien y pronto.

Una tarea B es algo que debería hacerse. Las consecuencias de hacerlo o no son leves. Es posible que la gente se sienta descontenta o molesta si no la llevas a cabo, pero no es tan importante como un elemento A. No hagas nunca una tarea B si hay una tarea A sin hacer.

Una tarea C es algo que sería bueno hacer, como un descanso para el café o un almuerzo, pero no tiene consecuencias positivas o negativas para tu futuro. Socializar con tus colegas, leer el periódico y llamar a casa son cosas agradables, pero no tienen absolutamente ninguna consecuencia más allá del momento actual.

Un elemento D en tu lista es algo que delegas. Delega todo lo que puedas de las prioridades de orden inferior para tener más tiempo de hacer las pocas cosas que solo tú puedes hacer. Cada vez que pides a otra persona que mecanografíe una carta, haga una llamada telefónica, archive un contrato o realice una tarea administrativa, estás delegando. Cada vez que recoges la cena de camino a casa en lugar de cocinarla, estás delegando la preparación de la cena y ahorrándote una o dos horas de preparación y limpieza.

Las personas más inteligentes y productivas de nuestra sociedad son las que son expertas en delegar todo lo imaginable para tener más tiempo para hacer una o dos cosas por las que son más recompensadas.

La E de la fórmula ABCDE significa eliminar. Uno de los mayores ahorradores de tiempo es eliminar por completo algo que hacías en el pasado y ya no es tan valioso o importante como otra cosa que tienes que hacer en el presente. Establecer prioridades significa también establecer posterioridades.

Tu agenda ya está llena. Si eres como la mayoría de la gente, tienes más del 100% de tu tiempo ya ocupado. Para tener tiempo de hacer cosas nuevas debes dejar de hacer cosas viejas. Entrar significa salir. Empezar significa parar. Establecer posteridades —cosas que vas a suspender parcial o totalmente— es una de las formas más rápidas de liberar tu agenda para tus tareas más prioritarias.

¿Cuáles son tus posterioridades? ¿Qué tareas heredaste a lo largo de los meses y los años que ya no son tan valiosas e importantes para ti como otras cosas que tienes que hacer ahora? Tu capacidad para responder esta pregunta es un determinante clave de tu eficacia.

CINCO PREGUNTAS CLAVE

Hay cinco preguntas clave para obtener mejores resultados y producir más que nadie a tu alrededor. Debes planteártelas, responderlas y actuar en consecuencia cada minuto y cada hora de cada día.

1. ¿Cuáles son tus actividades de mayor valor? ¿Qué haces que aporte más valor a tu compañía, a tu vida, a tu trabajo y a tus recompensas? Si no estás seguro de la respuesta, piénsalo un poco. Háblalo con tu jefe y tus compañeros de trabajo; coméntalo con tu pareja. Debes tener muy claras tus actividades de mayor valor: no puedes dar en una diana

que no ves. No puedes avanzar rápidamente en tu carrera si no conoces las tareas clave que debes hacer para tener éxito y ascender.

> ¿Cuáles son tus actividades de mayor valor?

2. La segunda pregunta es parecida a la primera: ¿cuáles son tus áreas de resultados clave? ¿Para qué resultados concretos te contrataron? De todas las cosas que haces, ¿cuáles son los elementos específicos que pueden medirse, de los que eres completamente responsable y de los que dependen tu éxito y tu carrera? Debes identificar con claridad tus áreas de resultados clave y concentrarte en hacerlas de forma excelente todos los días, durante todo el día.

3. ¿Por qué estás en nómina? ¿Por qué te dan dinero a cambio de lo que haces? Si tuvieras que explicar o justificar el dinero que recibes, ¿cómo describirías tu contribución? Enfocarte en tu contribución, en los resultados y en el motivo por el que estás en nómina agudiza tu capacidad para seleccionar uno o dos elementos que son los más importantes para ti y tu compañía.

4. Esta es una de mis favoritas: ¿qué puedes hacer tú, y solo tú, que, si se hace bien, supondrá un gran cambio? Recuerda que eres un trabajador intelectual. Trabajas con el cerebro; no con la fuerza muscular, sino con la fuerza mental, y siempre hay algo que solo tú puedes hacer y que puede suponer un auténtico cambio. Si no lo haces, no se hará, pero si lo haces y lo haces bien y a tiempo, puede suponer una contribución significativa a tu trabajo o a tu vida

personal. Aquí es donde debes centrarte y concentrarte más que en ningún otro sitio.

5. La pregunta fundamental para establecer prioridades es ¿cuál es el uso más valioso de mi tiempo ahora mismo? Tu capacidad para responder esta pregunta y dedicarte únicamente a esa tarea es la clave para obtener altos niveles de eficacia y eficiencia; es la auténtica medida de la disciplina personal y el carácter.

PENSAR PARTIENDO DE CERO

Deberías aplicar la ley de pensar partiendo de cero todos los días de tu vida a tu día a día y tus actividades. Para cumplir esta ley es necesario que te cuestiones constantemente.

Hazte la siguiente pregunta: ¿hay algo que esté haciendo hoy, sabiendo lo que sé, que ya no repetiría?

En mis años de experiencia he descubierto que cada persona hace una o más cosas que, sabiendo lo que sabe ahora, no volvería a hacer. Y es imposible organizar tu tiempo y tu vida si estás preocupado por hacer cosas que ni siquiera harías si tuvieras la oportunidad de salir de ellas.

Una de las formas más rápidas de organizar tu tiempo y aumentar tu eficacia es dejar de hacer cosas que no volverías a hacer si pudieras elegir. Sigue preguntándote: ¿hay algo en mi vida en lo que no me metería si tuviera que volver a hacerlo sabiendo lo que sé ahora? Examina tu trabajo o tu carrera. ¿Es el adecuado para ti? Si no lo es, ¿qué tipo de decisiones tienes que tomar? Fíjate en tu matrimonio o tus relaciones. ¿Repetirías si tuvieras que empezar de nuevo? Permanecer en una mala relación después de haber decidido que eres infeliz es una de las mayores pérdidas de tiempo y de vida. Examina tus inversiones y tus compromisos de dinero y tiempo. ¿Hay algo que esté ocupando una buena parte de tus recursos mentales, emocionales o financieros que, sabiendo lo que sabes ahora, no harías?

Cuando identificas las cosas que no volverías a empezar, tu siguiente pregunta es: ¿cómo salgo de esta situación y a qué ritmo? Nunca hemos estado en una situación en la que sepamos más sobre cómo alcanzar mayores niveles de éxito, felicidad y prosperidad que hoy. Actualmente sabemos más que nunca sobre cómo lograr altos niveles de éxito, felicidad y prosperidad.

En este capítulo hablé sobre el factor de la suerte definitivo: tu capacidad para conseguir resultados rápidos por los que la gente te pague y te promocione. Cuanto mejor consigas contribuir cada vez más a la vida y el trabajo de otras personas, más oportunidades y posibilidades se te abrirán. Avanzarás más rápidamente que los demás en tu campo. Enseguida llegarás a la cima de tu sector, con todas las recompensas, el reconocimiento y el prestigio que ello conlleva. Y todo el mundo te llamará afortunado.

CLAVES PARA CONSEGUIR RESULTADOS

1. Tu activo más valioso es tu reputación.
2. Se puede saber cuáles son tus auténticos valores y creencias según la cantidad de tiempo que desees invertir en ellos.
3. Usa listas para administrar tu tiempo.
4. Usa la regla de 80/20 para mejorar tu eficacia.
5. Ordena tus tareas usando el método ABCDE.
6. Piensa partiendo de cero para todas tus actividades.

Capítulo 10

Proactividad

La proactividad es un rasgo distintivo de todas las personas exitosas. Se basa en organizar tu vida para hacer más cosas, más rápido y en menos tiempo. Se basa en uno de los factores clave de la suerte: el estado de alerta. Cuanto más alerta estés, más probabilidades tendrás de darte cuenta de oportunidades y situaciones que puedes convertir en una ventaja. La vida de muchas personas cambió tras ver un pequeño comercial o una historia en un libro o revista que les dio una idea sobre la que actuaron antes que nadie y que cambió toda su vida.

Hace un tiempo Peter Thomas, un empresario canadiense muy energético y proactivo, estaba sentado en la playa en Hawái en Navidad leyendo *The Wall Street Journal*. Se encontró con un anuncio en el que buscaban franquicias inmobiliarias para una nueva compañía que estaba empezando en Newport Beach, California. Él sabía mucho de bienes inmuebles, y vio la posibilidad de importar este concepto a Canadá antes que nadie. Se paró de la arena, regresó al hotel, hizo las maletas, se subió a un avión hacia Los Ángeles y tomó un taxi a las oficinas de Century 21. Los ejecutivos de esa empresa no habían tenido casi en cuenta a Canadá. Peter Thomas pudo comprar los derechos en exclusividad en Canadá para el concepto de franquicia inmobiliaria de Century 21. Años más tarde, antes de que se calmaran las aguas, había oficinas de Century 21 de costa a costa de Canadá, y Peter Thomas era un multimillonario viviendo en un penthouse y con un yate en el puerto.

Miles de personas vieron el mismo anuncio y pasaron la página sin prestarle atención. Pero un hombre, gracias a su estado de alerta, rapidez y proactividad, pudo aprovecharlo y crear una fortuna.

Si esta historia te parece una casualidad que nunca podría pasarte a ti, te equivocas. Miles de oportunidades como esta surgen a tu alrededor, todos los días. Pero si no estás atento a ellas, simplemente pasarán de largo.

Hace algunos años un joven decidió que quería comenzar su propio negocio. Asistió a una conferencia sobre iniciativa empresarial, y ahí se enteró de que el 95% de todos los productos fabricados en cualquier país nunca se exporta. También se enteró de que hay miles de nuevos productos creativos e innovadores que se inventan y comercializan en Europa y Extremo Oriente cada año de los que nadie oye hablar en Estados Unidos. Pidió un catálogo de fabricantes europeos que buscaran agentes para sus productos en Estados Unidos. Sabía un poco de jardinería, y se topó con la descripción de una nueva carretilla de alta calidad, ligera y barata, con un diseño extraordinariamente innovador. Estaba convencido de que habría un mercado para esta carretilla en su país. Escribió de inmediato a la compañía y les pidió que le enviaran una muestra. Se la enviaron y un mes después la llevó a una importante feria nacional de jardinería. No podía permitirse un stand propio, así que se las arregló para compartir un poco de espacio con otro fabricante de equipos de jardinería. Compradores de tres grandes cadenas de grandes almacenes pasaron por ahí, vieron la carretilla, reconocieron su potencial de mercado y le hicieron pedidos de 64 000 unidades en la misma feria. Cuando terminó los pedidos, era millonario.

Todo el proceso duró menos de un año desde el momento en que se fijó un objetivo, tomó una decisión, actuó en consecuencia y vendió las 64 000 carretillas, y obtuvo un beneficio de casi 20 dólares por cada una.

He trabajado con millonarios y multimillonarios con una educación y una experiencia empresarial limitadas, pero algo que todos ellos tienen en común es la disposición psicológica a actuar con rapidez cuando se presentan oportunidades o problemas. Por supuesto, cuanto más estudies tu campo y aprendas tus habilidades, más informado y consciente estarás, y más fácil te resultará reconocer las oportunidades cuando aparezcan.

Actúa con rapidez cuando se presenten oportunidades.

LA ESTRATEGIA DE ÉXITO DEL IMPULSO

Vamos a hablar de uno de los factores más importantes del éxito. Se llama la *estrategia de éxito del impulso*. Dice que una persona en movimiento tiende a permanecer en movimiento, y se necesita mucha menos energía para seguir moviéndose que para detenerse e intentar ponerse en movimiento de nuevo. Una vez que te pones en marcha, es más fácil seguir que parar y volver a empezar. Si se necesitan 10 unidades de energía para ponerse en movimiento, solo se necesita un par de unidades de energía para mantenerte en movimiento, pero si te detienes necesitas otras 10 unidades de energía para volver a ponerte en marcha.

Es probable que alguna vez te hayas ido de vacaciones para volver al cabo de una o dos semanas. ¿Recuerdas lo difícil que fue reincorporarte a tu trabajo y volver a estar a pleno rendimiento? A veces se tardan varios días. Otras incluso se tardan tantos días en volver a ponerse en marcha como los que estuviste fuera.

Muchas personas que se detienen nunca vuelven a ponerse en marcha. Hay una cita que dice: en las llanuras de la vacilación blanquean los huesos de incontables millones que, en el amanecer de la decisión, se sentaron a esperar, y la espera murió. Es como mantener los platos girando. Mientras el artista de circo siga aplicando presión a los palos sobre los que giran los platos, estos seguirán girando indefinidamente. Pero si los platos se ralentizan por debajo de cierta velocidad, se caen del palo y se acaba el truco.

Tú mismo debes mantenerte en continuo movimiento. Mantén siempre tus platos girando. Haz algo cada día que te haga avanzar hacia tus objetivos. Sé un objetivo en movimiento, difícil o imposible de alcanzar. Cuanto más rápido te muevas, más conseguirás hacer, y más probabilidades tendrás de hacer lo correcto para la persona adecuada en el momento adecuado. Además, el tiempo es oro.

LA LEY DE LA FLEXIBILIDAD

La ley de la flexibilidad es vital para la suerte y el éxito. Afirma que debes tener claro tu objetivo, pero siempre debes ser flexible en la forma de alcanzarlo. La flexibilidad se considera la cualidad psicológica más importante para el éxito en un mundo que cambia con rapidez. Debes estar preparado para doblarte como el sauce ante los vientos de cambio en lugar de quebrarte como un pino cuando la situación se altera en direcciones que no habías previsto.

Un misil sofisticado, una vez programado para su objetivo, se moverá hacia él sin interrupción. Ajustará continuamente el rumbo y la dirección hasta que alcance su objetivo. Ninguna acción evasiva por parte del objetivo será suficiente para permitirle escapar de la destrucción.

Eres como un misil teledirigido. Dispones del mecanismo de orientación más increíble que se pueda imaginar. Una vez programado hacia un objetivo claro, específico, escrito y mensurable, tu mente superconsciente te mueve infaliblemente por encima de cualquier obstáculo. Te da todas las lecciones que necesitas. Mientras te mantengas en movimiento, al final conseguirás tu objetivo, a veces de formas por completo inesperadas.

El misil teledirigido no puede ajustar el rumbo ni cambiar de dirección hasta que se lance y esté en el aire. A ti te pasa lo mismo. Mientras estés en movimiento hacia tus objetivos y concentrado en las mayores prioridades, recibirás constantemente información de tu entorno. Te permitirá hacer correcciones de rumbo que te llevarán de forma inequívoca hacia tu objetivo. Sin embargo, debes seguir moviéndote, y rápido.

INICIATIVA: EL INGREDIENTE MÁGICO

Un estudio reciente de la American Management Association identificó la única calidad que parece separar a las personas más exitosas de las menos exitosas: la iniciativa. Los de mayor rendimiento mostraban niveles de iniciativa mucho mayores que los de rendimiento medio. Los mejores eran mucho más rápidos a la hora de asumir responsabilidades y actuar cuando veían que había que hacer algo. Eran mucho más proactivos que reactivos. Anticipaban la importancia de un comportamiento concreto y se movían con rapidez, normalmente sin un debate o análisis detallado.

Esto es lo interesante: cuando los investigadores entrevistaron a los directivos medios y les preguntaron si sentían que tenían iniciativa, todos respondieron afirmativamente. Todos pensaban que mostraban una buena dosis de iniciativa. Así que los investigadores les pidieron que definieran qué significaba para ellos esa palabra.

Los directivos medios hablaron de cosas como contestar el teléfono cuando sonaba, llamar a alguien para recordarle una reunión o un compromiso, o llamar la atención de otra persona sobre una noticia o información. Pero los investigadores descubrieron que los trabajadores de alto rendimiento consideraban que estas actividades formaban parte del trabajo. Los trabajadores de alto rendimiento definían la iniciativa como algo que iba mucho más allá del deber: asumir riesgos, salir de la zona de confort, trabajar más horas y hacer cosas que una persona normal no se molestaría en hacer.

Ocurre lo mismo contigo. Cuanta más iniciativa muestres, más se te percibirá como un actor valioso. Cuando buscas continuamente formas más nuevas, rápidas, mejores, fáciles y cómodas de hacer el trabajo para tu compañía y tus clientes, más rápido llamas la atención de las personas que pueden ayudarte.

> Cuanta más iniciativa muestres, más se te percibirá como un actor valioso.

Una vez le preguntaron al director de Amoco Petroleum, una importante compañía petrolera famosa por desarrollar más reservas de gas y petróleo que cualquier otra del sector, el motivo por el que su compañía tenía mucho más éxito que las demás en este sentido. Dijo que la respuesta era sencilla. Todas las demás compañías tenían terrenos similares de arrendamientos, estudios geológicos similares e ingenieros y equipos similares. Amoco iba por delante de las demás compañías, dijo, porque perforaban más pozos. No fue un milagro. Hicieron más pozos y descubrieron más petróleo.

En nuestros estudios sobre desempleados en busca de nuevos empleos, constatamos un hecho notable. Algunos se reincorporan rápidamente al mundo laboral, en buenos puestos, con buenos salarios y buenas posibilidades; otros permanecen sin trabajo durante largos periodos. Las personas que se reincorporan rápido al trabajo consideran la búsqueda de empleo como una actividad de tiempo completo. Se levantan y empiezan a las siete u ocho de la mañana, y trabajan duro y rápido durante todo el día. Están constantemente leyendo anuncios, llamando por teléfono, enviando currículums y yendo a entrevistas. Pero la mayoría de las personas que han sido despedidas, sobre todo de empleos que habían tenido durante mucho tiempo, buscan una media de dos posibles empleos a la semana.

No hace mucho, un consejero de un grupo de ejecutivos sin trabajo se dio cuenta de que en cada reunión semanal se pasaban todo el tiempo quejándose de sus anteriores compañías y culpando a sus jefes por haberlos dejado marchar. Así que sugirió que la semana siguiente, en lugar de hablar de cosas negativas, cada persona compartiera una experiencia que hubiera tenido en una entrevista. Una semana después solo se presentaron dos de los 16 ejecutivos. Cuando el consejero les habló por teléfono para averiguar por qué no habían acudido a la reunión, descubrió que ninguno había tenido una sola entrevista de trabajo en la última semana. Se habían pasado todo el tiempo sentados en casa viendo la televisión o dando vueltas por la casa. Reconoció que eran tan negativos porque ninguno de ellos estaba en el mercado hablando activamente con la gente y buscando nuevas oportunidades profesionales.

Cuanto más rápido te muevas, más energía tendrás y más experiencia adquirirás. Cuanto más rápido te muevas, y más experiencia tengas, mejor y más inteligente te volverás. Cuanto más rápido te muevas, cuantas más bases cubras, más gente verás y más probable será que encuentres petróleo.

LAS SIETE CLAVES DE LA PRODUCTIVIDAD

Aquí tienes siete ideas clave que puedes utilizar para aumentar tu productividad, rendimiento y resultados de forma inmediata. Estas técnicas las practican todas las personas de mayor rendimiento y mejor pagadas de todas las empresas.

1. Trabaja más rápido; acelera el ritmo; muévete más deprisa; desarrolla un sentido de urgencia. Lo que tengas que hacer, hazlo en tiempo real; actúa de inmediato. Un ritmo rápido es esencial para el éxito. Repítete una y otra vez: *hazlo ya, hazlo ya, hazlo ya.* Puedes duplicar tu rendimiento con la simple decisión de caminar más deprisa, moverte más deprisa, actuar más deprisa, decidir más deprisa y ponerte manos a la obra, sea lo que sea. Todas las personas con éxito son rápidas y eficientes; todas las personas ineficaces se retrasan y procrastinan. Cuanto más rápido lo hagas, más suerte tendrás.

2. Trabaja más y durante más tiempo. La mayoría de la gente es perezosa, y no trabaja mucho ni siquiera cuando está trabajando. El esfuerzo constante, concentrado y aplicado es la clave del alto rendimiento y la productividad.

   Esta es una de las paradojas de trabajar en una oficina: no puedes hacer el trabajo en el trabajo. Estás inundado de interrupciones telefónicas, interrupciones de la gente, reuniones, emergencias inesperadas y una docena de cosas más que minan tu tiempo y tu energía y te dejan al final del día con la sensación de que cuanto más tienes que hacer, menos pareces hacer. Sin embargo, una hora de tiempo sin interrupciones te permitirá hacer la cantidad de trabajo equivalente a tres horas de oficina normal, en las que te interrumpen constantemente.

   Así que empieza una hora antes, trabaja a la hora de comer y quédate una hora más. Esto añadirá tres horas de tiempo productivo sin interrupciones a tu jornada y te permitirá producir la cantidad de trabajo que otra persona

214 | LAS LEYES DE LA SUERTE

produciría en nueve horas. De hecho, producirás el equivalente a dos personas.

Las horas de oficina no están hechas para las personas exitosas. Cualquiera que mire el reloj tiene muy poco futuro en su trabajo o sector actual. En tu caso, el reloj debe ser un simple instrumento que lleva la cuenta y te dice cuánto tiempo te queda antes de la siguiente tarea o responsabilidad. Nunca mires el reloj para ver si aún te queda tiempo antes de empezar o si ya falta poco tiempo para acabar.

Si te levantas un poco antes y vas a la oficina una hora antes que los demás, inmediatamente empezarás a formar parte de los mejores de Estados Unidos. En ventas hay un lugar común que dice que si quieres hablar con los mejores, llama antes de que llegue el personal de recepción o los secretarios. Los altos cargos siempre están en la oficina más temprano, a veces a las seis o siete de la mañana. Y al final de la jornada, si quieres evitar al portero, espera a que la compañía cierre y llama a las seis o siete de la tarde. En muchas ocasiones, la persona que conteste será la persona al mando de la organización. La razón por la que es la persona más importante es porque llega pronto y se queda hasta tarde.

> Cualquiera que mire el reloj tiene muy poco futuro
> en su trabajo actual.

Por cierto, no hay ninguna ley que te obligue a levantarte automáticamente de tu mesa a mediodía, salir por la puerta con quien sea y pasar una hora almorzando. Las personas exitosas no lo hacen. Para ellas cada minuto cuenta. Si te tomas la hora entre las 12 y la una, cierras la puerta, agachas la cabeza y te concentras en quitarte de encima las tareas más importantes, podrás trabajar el equivalente a dos o tres horas de tiempo sin interrupciones.

Las personas mejor pagadas de Estados Unidos —las que están entre el 10 o 20% de los mejores— trabajan una media de 59 horas a la semana. Esto equivale a seis días de 10 horas o cinco de 12 horas. En todos los años que llevo estudiando el éxito, jamás he encontrado a una persona que haya logrado nada digno de mención trabajando ocho horas al día. Tu éxito será directamente proporcional a la cantidad de horas que dediques a trabajar más de ocho horas al día, es decir, más de 40 horas a la semana. Cuando empieces a trabajar 50, 60 y 70 horas a la semana, y utilices bien ese tiempo trabajando constantemente en tus tareas más prioritarias, avanzarás con rapidez.

3. Haz más cosas importantes. Como solo dispones de un cierto número de horas al día, asegúrate de que cada minuto se emplea en hacer las cosas más importantes y valiosas. Pregúntate continuamente: "Si tuviera que irme de la ciudad durante un mes y solo pudiera hacer una cosa más antes de irme, ¿qué sería?". Sea lo que sea, empéñate en trabajar en eso y solo en eso hasta que esté terminado.

La concentración absoluta en una tarea, la más importante, te situará en un plano superior de rendimiento. Conseguirás hacer más cosas en el mismo tiempo, tu pensamiento se volverá claro como el cristal, activarás tu mente superconsciente, y tu vida brillará con ideas y percepciones que podrás utilizar para realizar tareas aún más rápido. Pero solo entrarás en esta zona cuando trabajes más duro y más rápido y te concentres en tareas de alto valor.

Habrás oído decir que si quieres que algo se haga, dáselo a alguien ocupado. El motivo es sencillo: las personas ocupadas trabajan a un ritmo de producción mayor que una persona que solo lo hace cuando le da la gana. Esas personas logran dos o tres veces más en el transcurso de un día que otra que trabaja a un ritmo más lento o con un nivel de actividad más bajo.

4. Trabaja en las cosas que haces mejor. De este modo no solo disfrutarás más de ellas por tu sensación de dominio, sino que también las harás más deprisa. Cometerás menos errores. Tendrás aportaciones más valiosas.

Una de las mejores técnicas de gestión del tiempo que aprenderás es comprometerte a mejorar en las cosas más importantes que haces. Puesto que tus mayores recompensas y reconocimientos proceden de hacer tus tareas más importantes y de hacerlas bien, cuanto mejor te desenvuelvas en esas tareas clave más recompensas, reconocimientos y oportunidades ganarás, y más experimentarás la suerte que parece negarse a quienes se conforman con hacer un trabajo a un nivel que les permite simplemente salir adelante.

5. Agrupa tus tareas. Haz grupos de tareas similares. Devuelve todas las llamadas a la vez; haz todas las labores de prospección telefónica juntas; rellena todas las cuentas de gastos al mismo tiempo; escribe todas las cartas y propuestas a la vez.

Una de las técnicas más eficaces para ahorrar tiempo es la curva de aprendizaje. La teoría de la curva de aprendizaje dice que cuanto más hagas una tarea repetitiva, más rápida y fácilmente ejecutarás cada tarea posterior. Si tardas 10 minutos en hacer la primera de una serie de tareas, solo tardarás nueve minutos en la segunda, ocho en la tercera, siete en la cuarta, y así sucesivamente. Puedes bajar a dos minutos por tarea, con lo que ahorrarás 80% del tiempo que tardarías normalmente si hicieras las tareas, una a una, por separado.

Muchas personas no son conscientes de la curva de aprendizaje. Llevan a cabo una tarea en un área y luego hacen otra en otra área. Nunca entran en la curva de aprendizaje, y nunca se encuentran produciendo a niveles altos.

6. Haz cosas con los demás. Tu capacidad para funcionar bien como parte de un equipo es vital para tu éxito. Cuando colaboras y trabajas eficazmente con otras personas, si cada persona se ocupa de la parte del trabajo para la que está mejor preparada, te sorprenderás de lo que puedes conseguir.

> Tu capacidad para funcionar bien como parte de un equipo es vital para tu éxito.

Durante la Segunda Guerra Mundial el gobierno estadounidense se comprometió a construir los barcos Liberty para transportar mercancías por el Atlántico Norte a mayor velocidad de la que podían hundirlos los submarinos alemanes. El gobierno creó distintas innovaciones industriales que al día de hoy se siguen utilizando en todo el mundo. En primer lugar, redujeron el tiempo necesario para construir un barco de dos años a 42 días. Después, en un increíble despliegue de trabajo en equipo, los obreros cualificados se reunieron, trazaron un plan y construyeron un barco entero listo para su botadura en cuatro días. Pudieron construir cientos de barcos Liberty porque usaron la curva de aprendizaje, agruparon sus tareas y funcionaron como un equipo fluido y bien engrasado. Busca oportunidades para aplicar los mismos principios a tu trabajo.

7. Simplifica y racionaliza tu trabajo. Utiliza la técnica de gestión del tiempo del análisis de procesos. Consiste en hacer una lista con todos los pasos de un proceso concreto, desde que empiezas hasta que terminas. A continuación, repasa la lista de pasos y fíjate en cuáles podrías simplificar para hacerlos más rápido. Identifica los pasos que podrías fusionar con otros pasos o trabajos o que puedes encargar a una sola persona. Por último, busca partes de la tarea que podrías eliminar por completo.

REDUCIR EL TIEMPO AMPLIANDO LAS RESPONSABILIDADES

Existe una excelente técnica de productividad que consiste en *reducir el tiempo ampliando las responsabilidades*. Déjame explicarte cómo funciona. En un estudio sobre la tramitación de pólizas de seguros de vida, los investigadores descubrieron que pasaban seis semanas desde que se enviaba una póliza desde el terreno hasta que se aprobaba o no en la oficina central.

Los investigadores escogieron una póliza y siguieron todos los pasos relacionados con su aprobación. Descubrieron que la póliza pasó por 24 pasos en seis semanas, pero la cantidad de tiempo real que pasaron trabajando en ella fue solo de 17 minutos. Así que rediseñaron la forma de gestionarla. En lugar de poner a 20 personas a revisarla, lo redujeron a dos. La primera persona revisaría cada detalle de la póliza de principio a fin. Después, la enviaban a una segunda persona, más experimentada, que repasaría el trabajo de la primera. Mediante esta técnica pudieron reducir el tiempo de tramitación de una póliza de seis semanas a 24 horas. Su negocio de suscripción de seguros aumentó durante el año siguiente en millones de dólares.

El tiempo es el elemento más valioso en la vida empresarial y personal. Todo el mundo piensa en términos de tiempo y de reducción del tiempo que se tarda en ejecutar una tarea. Las personas que pueden hacer las cosas rápidamente porque utilizan las técnicas de gestión del tiempo más eficaces son siempre las más valoradas y las que ascienden más rápidamente. Tienen golpes de suerte.

Las personas que gestionan su tiempo de forma más eficaz son quienes consiguen los golpes de suerte.

ENERGÍA Y ENTUSIASMO

Para estar en plena forma, activo, rápido y productivo debes tener muchísima energía y entusiasmo. La energía es un factor de la suerte clave. Para estar alerta a las posibilidades que te rodean y tener el entusiasmo que te mantiene avanzando tienes que diseñar tu vida de forma que te sientas increíble contigo mismo la mayor parte del tiempo.

Actualmente sabemos más que antes sobre lo que puedes hacer o dejar de hacer para disfrutar de niveles más altos de energía. Te daré los factores clave que determinan tus niveles de energía, y te animo a que los incorpores a tu vida y hábitos diarios.

DIETA

Consume los alimentos adecuados con las combinaciones y el equilibrio adecuados. Tu dieta puede tener un impacto desmesurado en la cantidad de energía que tienes, lo bien que duermes, tu salud y forma física y tu rendimiento a lo largo del día.

Se ha estudiado exhaustivamente a los atletas olímpicos para averiguar sobre su dieta. Aunque los atletas proceden de más de 100 países, se descubrió que las dietas olímpicas tienen tres cosas en común. Son muy fáciles de aprender y poner en práctica.

Los atletas olímpicos comen mucha fruta, verdura y alimentos integrales. Comen mucha pasta y arroz, que son hidratos de carbono complejos que se convierten rápidamente en glucosa y sirven de combustible para el cuerpo y la mente de alto rendimiento. Los dietistas que entrenan a la gente para que esté en forma y tenga mucha energía dicen que, como el cuerpo es un 70% agua, se debe comer un 70% de alimentos a base de agua, como frutas y verduras. Además, los productos integrales, como el pan integral, el arroz integral, los panqués de salvado, el trigo triturado y los copos de salvado aportan la fibra necesaria para que tu sistema funcione sin problemas.

La segunda parte de la dieta olímpica de alto rendimiento es la proteína de fuente magra. Se trata de proteínas como el pescado, el pollo sin piel, la ternera magra, etc. Estas tienen menos grasa que la mayoría de los demás alimentos. De hecho, se ha descubierto que la grasa está relacionada con un gran número de dolencias físicas y problemas de salud. Si se sigue una dieta baja en grasas, es posible que se empiece a perder los kilos de más y a tener más energía inmediatamente. Si combinas una dieta baja en grasas con mayores cantidades de frutas, verduras y productos integrales, adelgazarás rápidamente y te sentirás mucho mejor contigo mismo.

La tercera parte de una dieta de alto rendimiento consiste en tomar mucha agua. La mayoría de la gente se limita a beber agua a sorbos, pero necesitas beber ocho vasos de un cuarto de litro de agua al día para combatir la pérdida normal de agua que se produce como consecuencia de las actividades diarias.

Hoy en día se ve cada vez más gente que lleva su botella de agua a todas partes, y beben constantemente. Expulsan sales, toxinas, productos de desecho y otros residuos sin parar que pueden acumularse en el organismo y ralentizar su ritmo.

En la actualidad, aproximadamente el 42% de los estadounidenses son obesos, muchos de forma extrema. El sobrepeso es una de las formas más rápidas de reducir tu nivel de energía, disminuir tu credibilidad ante un cliente preocupado por su salud y acortar tu vida.

Uno de tus objetivos debe ser conseguir una buena forma física. Puedes empezar a controlar tu peso y tu aspecto físico cambiando tu dieta y sustituyendo los alimentos grasos, azucarados y salados por alimentos sanos, nutritivos y ricos en energía y vitaminas. La elección depende de ti.

EJERCICIO

El segundo ingrediente clave para tener mucha energía es el ejercicio adecuado. La mejor actividad es el ejercicio aeróbico, que eleva tu frecuencia cardiaca y respiratoria hasta lo que se denomina la zona de entrenamiento, unos 140 latidos por minuto (más o menos, dependiendo de tu edad), y la mantiene así durante 20 o 30 minutos, tres veces por semana.

Puedes hacer todo el ejercicio que necesitas, por ejemplo, si caminas tres o cuatro kilómetros de tres a cinco veces por semana. Puedes hacer ejercicio nadando, yendo en bicicleta, utilizando aparatos de gimnasia o yendo a correr. Tu cuerpo está pensado para que lo utilices todos los días. Cada articulación debe estar perfectamente ubicada Estira completamente los brazos, la espalda y las piernas. Utiliza pesas ligeras para mantener los músculos fuertes y flexibles. Sobre todo, haz ejercicio aeróbico con regularidad si quieres sentirte bien y tener un aspecto estupendo.

DESCANSO Y OCIO

La tercera clave para tener mucha energía es descansar adecuadamente. Necesitas dormir una media de siete a ocho horas por noche. También necesitas tomarte al menos un día completo a la semana en el que no trabajes nada. Descubrirás que estás más alerta y creativo en los dos o tres días siguientes a unas vacaciones de cualquier tipo, aunque sean unas vacaciones de fin de semana de dos o tres días.

Una forma de aumentar tu estado de alerta, tu energía y tu productividad es tomarte unas minivacaciones frecuentes de dos o tres días cada una, así como unas vacaciones anuales, en las que te despreocupes por completo y dejes de pensar en el trabajo. Uno o dos días después de volver tendrás más ideas y producirás más buenos resultados que si trabajas sin parar hasta que estés agotado y quemado.

PROHIBIDO FUMAR

La cuarta clave para tener una salud excelente y mucha energía es no fumar. Se ha demostrado que el tabaquismo está relacionado con 32 enfermedades y dolencias diferentes. No hay nada que sea peor para tu salud que fumar con regularidad. Puedes eliminar este hábito si te lo fijas como objetivo, afirmando que no eres fumador, visualizándote como tal y creándote la disciplina de rechazar los cigarrillos. Puedes hacer cualquier cosa que te plantees si realmente te lo propones.

SUPLEMENTOS VITAMÍNICOS

La quinta clave para tener mucha energía es añadir a tu dieta diaria suplementos de vitaminas y minerales. La dieta actual tiene carencias de vitaminas y minerales esenciales. Las personas más sanas equilibran su deficiencia nutricional con vitaminas y minerales de gran calidad. Los mejores son los de origen natural, que suelen estar ligados a los quelatos. Son más caros, pero el cuerpo absorbe más de las vitaminas y minerales que contienen.

SALUD MENTAL

La sexta clave para tener mucha energía tiene que ver con tu salud mental. Se trata de eliminar las emociones negativas, especialmente tu expresión de negatividades de cualquier tipo. Cuanto más piensas o hablas de las cosas que te enfadan o te hacen infeliz, más enfadado y más infeliz te vuelves. Tus emociones negativas deprimen tu mente y tu cuerpo, te cansan y te fatigan. Un arrebato de ira irrefrenable puede consumir tanta energía como ocho horas de trabajo normal.

Puedes superar tu tendencia a reclamar y quejarte (algo que casi todo el mundo hace) anulando las emociones negativas mediante la ley de sustitución. Siempre que te sientas enfadado o molesto, di inmediatamente: *Espera, soy responsable. Soy responsable. Soy responsable.* Es imposible aceptar la responsabilidad de tu vida y estar enfadado al mismo tiempo.

> Es imposible aceptar la responsabilidad de tu vida y estar enfadado al mismo tiempo.

Casi toda la negatividad proviene de la ira, el resentimiento y de culpar a otras personas. En el momento en que dejas de culpar a los demás y empiezas a aceptar la responsabilidad, sientes una tremenda sensación de control, una oleada de energía positiva y sientes que vuelves a estar en la cima de tu vida.

Cuanto más practiques estos hábitos de salud y te centres en tus objetivos y en las cosas que deseas, más energía y vitalidad tendrás. Estarás más alerta y consciente, más positivo y más activo. Sentirás que has puesto toda tu vida en marcha y avanzarás a una gran velocidad, que nunca hubiera imaginado.

CLAVES PARA PASAR A LA ACCIÓN

1. El estado de alerta es vital para el éxito.
2. La decisión es una característica común de casi todas las personas exitosas.
3. Ten claro tu objetivo, pero sé flexible en la forma de alcanzarlo.
4. Iniciativa significa actuar más allá del deber.
5. Usa las siete claves de la productividad para mejorar tu rendimiento.
6. Adapta tu estilo de vida para garantizar un nivel máximo de energía y entusiasmo.

Capítulo 11

Virtud, valor y persistencia

Al filósofo griego Aristóteles, que vivió en el siglo IV a.C., se le considera quizás el filósofo más importante de la historia occidental. En su gran obra *Ética a Nicómaco* afirmaba que todo comportamiento humano tiene una finalidad, un objetivo. Todo lo que haces, decía, es por un motivo, y detrás de cada objetivo menor hay uno mayor por el que estás luchando.

Aristóteles decía que el fin último de todo el mundo es la felicidad. Hagas lo que hagas, tu objetivo último —más allá de lo que estés intentando conseguir en ese momento— es alcanzar tu propia felicidad. Tendrás éxito en la vida en la medida en que seas realmente feliz. Serás un fracaso en la vida en la medida en que no puedas alcanzar tu propia felicidad.

Supongamos que quieres conseguir un buen trabajo. ¿Para qué? Para poder ganarte bien la vida. ¿Para qué? Para tener dinero suficiente. ¿Para qué? Para que puedas comprarte una casa y un coche y tener un buen nivel de vida. ¿Para qué? Para que puedas tener relaciones felices y una buena vida con otras personas. ¿Para qué? La respuesta final es siempre para que puedas ser feliz.

La única diferencia entre las personas es que a algunas se les da mejor alcanzar la felicidad que a otras. Algunas hacen elecciones y toman decisiones que las hacen infelices y las empeoran. En cualquier caso, la felicidad es siempre el objetivo.

Aristóteles no se quedó ahí. Siguió examinando la condición humana y llegó a una conclusión notable: solo los buenos pueden ser felices, y solo los virtuosos pueden ser buenos. Este es uno de los mayores avances de la filosofía: solo puedes ser feliz si eres buena persona, y solo puedes ser buena persona si practicas las virtudes que están asociadas con la bondad. En resumen, si quieres tener una vida maravillosa, debes esforzarte constantemente para ser cada vez mejor persona. Cualquier desviación de este camino te llevará a la desdicha y la insatisfacción. Cada vez que actúas de forma coherente con las virtudes más elevadas que conoces, te sientes feliz y fuerte en tu interior, tu confianza en ti mismo y tu autoestima aumentan y te vuelves más eficaz en tus relaciones y tu trabajo. Una virtud es tu propia recompensa. Se traduce en la sensación interior de placer y confianza que experimentas cuando vives de forma coherente con lo mejor que conoces.

El carácter es el mayor de los factores de la suerte. Ya comenté varias veces que atraes inevitablemente a las personas, las circunstancias, las ideas, las oportunidades y los recursos que están en armonía con tus pensamientos dominantes. Nunca puedes tener en el exterior lo que no mereces por derecho de la conciencia que construiste en el interior. Por la ley de correspondencia, tu mundo exterior es siempre un reflejo de tu mundo interior. Si quieres cambiar tu mundo exterior debes reprogramar tu mente subconsciente, tu mundo de valores, creencias y convicciones internas, para que la persona que eres en tu interior sea el equivalente mental exacto de la vida que quieres disfrutar en el exterior.

El carácter es el mayor de los factores de la suerte.

Probablemente estés leyendo este libro porque quieres tener éxito, mejores relaciones, más dinero y una mayor expresión personal. Quieres tener una gran vida. Eres superior a la persona normal porque estás dispuesto a aprender constantemente más sobre cómo puedes ser cada vez mejor. Pero ¿qué es el éxito?

LAS MEJORES RECOMPENSAS DEL ÉXITO

Hace unos años Gallup entrevistó a 1500 miembros de *Who's Who in America*. Eran los estadounidenses vivos más prestigiosos: presidentes de compañías, políticos destacados, premios Nobel y otras personas que contribuyeron de forma significativa a la vida estadounidense. Los encuestadores preguntaron a estos hombres y mujeres de gran éxito cuáles consideraban que eran las principales recompensas del éxito. Es posible que te sorprendas al saber cuáles fueron sus cuatro primeras respuestas en prácticamente todos los casos.

1. Sentían que se habían ganado el respeto de sus padres.
2. Sentían que se habían ganado el respeto de sus parejas y sus hijos.

3. Sentían que se habían ganado el respeto de sus compañeros y colegas.

4. Sentían que lo que hacían cambiaba la vida de otras personas.

El quinto ingrediente del éxito era que estas personas ya no se preocupaban por el dinero, aunque muchas de ellas no eran especialmente ricas. Simplemente habían llegado a un punto en el que no importaba tanto en comparación con el trabajo que hacían.

RESPETO Y REPUTACIÓN

Cuando pienses en el éxito en tu propia vida descubrirás que está estrechamente ligado al respeto que te merecen las personas a las que respetas. Casi todos tus actos se hacen o no se hacen con vistas a lo que los demás pensarán de ti y a cómo reaccionarán.

Como ya dije, tu reputación es tu mayor activo. Puede definirse como lo que la gente piensa y habla de ti cuando no estás. Como sabes por experiencia propia, cuando la gente habla de ti en términos positivos o negativos y tú te enteras de ello más tarde, tiene un gran impacto en tu forma de pensar y en tus emociones, positivas o negativas.

Las personas de un nivel superior siempre están pensando en cómo evaluarán los demás una decisión o un comportamiento determinado. No solo se preocupan de hacer lo correcto, sino de hacer lo que parece correcto desde la perspectiva de los demás. Por la ley de la atracción, a medida que desarrolles tu carácter y vivas cada vez más según las mejores y más elevadas virtudes que conozcas, te convertirás en una persona más feliz. También atraerás a tu vida a otros hombres y mujeres de gran calidad y carácter.

Aristóteles también observó que el propósito último de la educación es inculcar las virtudes más importantes a los jóvenes para que tuvieran garantizada una vida feliz y exitosa cuando crecieran. Sabía, como tú, que todo en la vida son relaciones. Nadie vive en una isla consigo mismo. Todo lo que hacemos implica de algún modo a los demás, y no hay declaración más fundamental sobre quién eres realmente que la descripción de tu carácter. Pero ¿qué ocurre si tu educación fue deficiente? ¿Y si creciste sin haber sido formado en las virtudes esenciales?

Aristóteles señaló que una virtud es una práctica, no un simple sentimiento o creencia. Insisto, lo que cuenta no es lo que esperas, deseas o pretendes, sino lo que haces. Aristóteles decía que si deseas tener una virtud que no tienes, puedes desarrollarla en ti practicándola en todas las circunstancias en que sea necesaria. Puedes actuar como si ya tuvieras la virtud que deseas. La ley de la reversibilidad dice que puedes actuar a tu manera para sentir y creer algo que sinceramente deseas sentir o creer. Puedes hacerte cargo por completo del desarrollo de tu carácter y convertirte en una persona de un nivel superior decidiendo que caminarás, hablarás, actuarás y pensarás en consonancia con los mejores y más elevados valores que conoces.

La ley de la concentración dice que aquello sobre lo que reflexionas crece. Puedes utilizar esta poderosa ley para moldear tu carácter, y concentrarte en una virtud por la que quieras ser conocido y respetado. La integridad es la virtud fundamental. La definición del diccionario de *integridad* incluye unidad, perfección, totalidad, sin tacha ni falta. Cuando medites sobre la cualidad de la integridad y lo que significa ser una persona íntegra, puedes pensar en otras personas —de tu entorno o personajes históricos— que sean conocidas y respetadas por su integridad.

> La integridad es la virtud fundamental.

¿Recuerdas el apodo de Abraham Lincoln? Era Abe el Honesto. Desde que era joven, cuando trabajaba en una tienda y recorrió kilómetros para regresar un par de peniques que había cobrado de más a una mujer, fue forjándose una reputación de impecable honestidad. Su reputación era tan sólida que lo nombraron candidato presidencial del entonces nuevo Partido Republicano en 1860. La fuerza de su carácter se impuso en la convención y lo convirtió en uno de los presidentes más venerados y respetados de Estados Unidos.

Cuanto más te detengas en una virtud como la integridad, más se impregnarán sus implicaciones en tu subconsciente. Cuanto más lo hagan, más probable será que actúes como una persona íntegra. Conforme vayas forjando una mayor reputación de integridad, cada vez gustarás a más gente, que confiará en ti y querrá relacionarse contigo. Se te abrirán puertas. Empezarás a experimentar una suerte que las personas con caracteres más débiles nunca parecen disfrutar.

CONFIANZA Y VERACIDAD

El politólogo Francis Fukuyama escribió un libro titulado *Trust: La confianza*. En él analiza varios países a lo largo de los siglos y llega a la conclusión de que aquellos con un alto nivel de confianza son muy prósperos, mientras que las naciones con un bajo nivel de confianza tienen bajos niveles de prosperidad y desarrollo. Cuanto mayor sea el nivel de confianza entre las personas de la comunidad empresarial de cualquier país, mayor será la actividad económica, el crecimiento, el desarrollo y la prosperidad. Cuanto más bajo sea el nivel de confianza, más alto será el nivel de corrupción y deshonestidad, y más cautelosos serán a la hora de invertir con otros.

Ocurre lo mismo con las relaciones. El pegamento que sostiene una relación es la confianza. Es imposible seguir adelante con una relación a menos que confiemos y nos sintamos seguros de la otra persona. Todas las buenas amistades y todas las familias sólidas se basan en la confianza. Y en las compañías —que son familias empresariales más grandes— la confianza es el ingrediente fundamental que determina su éxito y su prosperidad.

Las mejores compañías en las que trabajar tienen un entorno de gran confianza. Todo el mundo en ellas, a todos los niveles, confía y cree que lo que dicen los demás es verdad. En casi todas las compañías de valor decir una mentira puede ser motivo suficiente para perder el empleo. Los estadounidenses en general dan mucha importancia a la confianza. Es un ingrediente fundamental que mantiene unida a nuestra sociedad, de arriba abajo.

La máxima expresión de la confianza es la veracidad. Tus mejores amigos y socios más cercanos siempre serán los que te digan la verdad. La voluntad de ser absolutamente sincero contigo mismo y con los demás es la marca fundamental del carácter. Si la integridad es la cualidad central del carácter, la veracidad es su expresión más evidente.

Shakespeare escribió: "Y sobre todo esto: sé sincero contigo mismo, y de ello ha de seguirse, como la noche sigue al día, que no podrás entonces ser falso con ninguno". Siempre debes ser absolutamente sincero contigo mismo. Esto significa ser fiel a lo mejor que hay en ti. También significa que siempre des lo mejor de ti en cada situación, especialmente en el trabajo, donde la gente cuenta contigo. Si la expresión interior de la integridad es la verdad, su expresión exterior es un trabajo de calidad y un comportamiento de calidad en cualquier circunstancia.

En sus investigaciones, el psicólogo Abraham Maslow descubrió que las personas más integradas eran extremadamente objetivas y sinceras consigo mismas, con sus puntos fuertes y débiles, y con sus situaciones. Nunca intentaban convencerse de cosas que no eran ciertas. Vivían en la verdad consigo mismas y, como resultado, eran capaces de vivir con la verdad con los demás.

Niégate a jugar contigo mismo. Niégate a fingir, desear o esperar que algo no sea cierto cuando en el fondo sabes que lo es. Niégate a comprometer tu integridad por nada en el mundo. Como escribió una vez Ralph Waldo Emerson: "Al fin, nada es sagrado salvo la integridad de tu propia mente". Esto significa vivir con la verdad con todos los que te rodean. Expones tu verdad con sencillez y honestidad; no permaneces en relaciones que no te convienen ni haces cosas con las que no estás de acuerdo o en las que no crees; no dices cosas que no sean expresiones honestas y sinceras de tus verdaderas creencias. Insistes firmemente en vivir con la verdad en todos los aspectos de tu vida.

> "Al fin, nada es sagrado salvo la integridad
> de tu propia mente".
> —RALPH WALDO EMERSON

La autoestima y la confianza en ti mismo radican en lo más profundo de tu carácter. Cuanto más practiques una integridad impecable, mayor confianza en ti mismo tendrás, y más te gustarás y respetarás. Cuanto más agrades y respetes a los demás, más les gustarás y te respetarán. Todo empieza con tus propias actitudes mentales internas, con tus valores, creencias y convicciones más profundos. Tu éxito externo viene determinado por tu firme insistencia interna en mantenerte fiel a lo mejor que sabes hacer. La integridad es el valor que garantiza todos los demás.

AUTODISCIPLINA: LA CUALIDAD DE HIERRO

La base de la integridad es la autodisciplina. Elbert Hubbard, uno de los grandes escritores de principios del siglo xx, escribió que la autodisciplina es la capacidad de obligarte a hacer lo que debes hacer cuando debes hacerlo, te apetezca o no.

La autodisciplina es la cualidad de hierro del carácter. Determinará en gran medida tu éxito o fracaso en todo lo que hagas. Otra forma de llamar a la autodisciplina es autocontrol o autodominio. Sabes que solo te sientes bien contigo mismo en la medida en que sientes que controlas tu propia vida. Cuando tomas decisiones claras e inequívocas de hacer una cosa determinada, y luego te autoimpones hacerla, incluso cuando no te apetece, te sientes muy bien contigo mismo.

Existe una correlación directa entre autodisciplina y autoestima. Cuanto más te impones a ti mismo hacer las cosas que son mejores para ti, más te gustas y te respetas, y cuanto más te gustas y te respetas, más capaz eres de exigirte a ti mismo el hacer las cosas que sabes que debes hacer.

Aristóteles decía que puedes desarrollar cualquier cualidad en soledad, excepto el carácter. Este solo puedes desarrollarlo si te implicas con los demás. Estás donde estás y eres lo que eres hoy debido a las elecciones y decisiones que tomaste en el pasado. O bien pensaste cuidadosamente, tomando decisiones basadas en buena información y buen juicio, o bien no lo hiciste.

Sean cuales sean las elecciones y decisiones que tomaste en el pasado, eso fue entonces, y esto es ahora. Cada día, cada semana y cada mes evolucionas y creces. De niño tomaste decisiones que nunca se te ocurriría tomar de adulto. El año pasado tomaste decisiones que, sabiendo lo que sabes ahora, no tomarías actualmente. Cuando las tomaste eras esa persona concreta, pero hoy eres diferente. No te obsesiones con los errores que cometiste en el pasado. La persona que los cometió era una versión anterior de ti mismo. Hoy puedes hacer nuevas elecciones y tomar nuevas decisiones basándote en tu creciente acervo de conocimientos y experiencia. Puedes poner las manos en el volante de tu propio futuro y girarlo en la dirección que quieras.

No te obsesiones con los errores que cometiste en el pasado.

EL FACTOR O

¿Por qué no vive todo el mundo una vida de carácter ejemplar? ¿Por qué no practica todo el mundo las virtudes de la integridad y la veracidad, sobre todo teniendo en cuenta que están tan estrechamente relacionadas con el éxito y la felicidad?

La respuesta está en lo que yo llamo el factor de *oportunidad*, o el factor O. Es la principal razón del fracaso. Solo cuando comprendas este factor podrás contrarrestarlo. Se basa en los defectos o debilidades fundamentales del carácter humano.

Hay muchos elementos de la naturaleza humana, pero me limitaré a describir los siete básicos. Cualquiera de ellos, mal controlado y dirigido, basta para que una persona fracase. En la mayoría de las personas los siete funcionan al mismo tiempo, y por ello alcanzan niveles muy bajos.

LA PEREZA

Uno siempre intenta conservar energía al ejecutar cualquier tarea. La razón es que tu tiempo y tu energía representan tu vida, y tú le das un valor a tu vida. Estás diseñado psicológicamente para que no puedas elegir conscientemente una forma más difícil de hacer algo si puedes encontrar una forma más fácil. Esto significa que, para bien o para mal, tú y todos los demás son perezosos.

Ahora bien, la pereza no tiene nada de malo si se orienta de forma constructiva para buscar formas más fáciles de lograr la misma tarea. La historia del avance humano reside en que hombres y mujeres aplicaron su creatividad para conseguir los mismos objetivos con un menor gasto de esfuerzo y energía. Pero cuando la gente busca caminos fáciles que acaban siendo contraproducentes e incluso perjudiciales, la pereza se convierte en una mala cualidad.

LA CODICIA

Todo el mundo prefiere más a menos. Si te ofreciera 5 o 10 dólares por la misma manzana, elegirías la segunda cifra. Esto es normal, natural y saludable. Todos los seres humanos prefieren más a menos, en igualdad de condiciones. Esto significa que todos somos avariciosos. La codicia no es ni positiva ni negativa. Si está dirigida a mejorar tu vida y aumentar tu bienestar y el de los demás, puede ser una influencia positiva. Si va dirigida a conseguir algo a cambio de nada, o algo que una persona no se merece, puede ser destructiva. La forma en que se aplica la codicia determina si es una cualidad buena o mala.

EL EGOÍSMO

Todo el mundo piensa y siente por sí mismo. Solo tú puedes sentir tu propia felicidad, tu propia insatisfacción, tu propia hambre, sed, satisfacción o descontento. Nadie puede sentir estos sentimientos por ti ni decidir por ti qué es lo mejor en estos ámbitos. Y tú siempre decides en función de lo que sientes que es mejor para ti. Esto significa simplemente que eres egoísta o, en todo caso, egocéntrico. Cuando vas a un bufet, solo tú puedes determinar cuáles son los alimentos ideales para tu apetito y tu paladar.

Tampoco hay nada malo con ser egoísta. Es solo un hecho de la naturaleza, como ser perezoso o avaricioso. Un ministro que trabaja en una misión de rescate puede ser totalmente egoísta al satisfacer sus necesidades más profundas ayudando a tanta gente como pueda. Puede ser perezoso, avaricioso y egoísta de una forma sana y constructiva.

LA AMBICIÓN

Cada acto que emprendemos es para mejorar de algún modo nuestra situación con respecto a lo que habría sido si no hubiéramos actuado. Todo el mundo busca algún tipo de mejora en cada cosa que dice o hace, consciente o inconscientemente. Esto significa que todo el mundo es ambicioso. Todos quieren mejorar su vida, su trabajo, sus relaciones, su salud o su situación económica. Lo contrario de la ambición sería la indiferencia o la complacencia: estar completamente satisfecho y no preocuparse en absoluto de si tu vida mejoró o empeoró.

La ambición es una cualidad muy sana y es el gran estímulo para superar obstáculos y lograr objetivos que nadie hubiera creído posibles. Claro que si la ambición de una persona la lleva a adoptar comportamientos deshonestos o hirientes, entonces se convierte en una cualidad negativa. Pero en sí misma no es ni positiva ni negativa. Como ocurre con todas las cualidades de la naturaleza humana, solo la forma en que se expresa la ambición le confiere un valor.

LA IGNORANCIA

Nunca se puede saber todo sobre todo. Por mucho que aprendas, cada decisión que tomas se basa en una especulación de algún tipo. Como no puedes conocer todos los hechos, nunca puedes tener la garantía de que tu acción producirá los resultados que deseas. Esto significa que todo el mundo es ignorante hasta cierto punto. Algunos lo son más que otros, pero todos son ignorantes en el sentido de que nadie puede saber nunca todo lo que hay que saber, ni siquiera sobre su área de especialización. El afán por saber, averiguar o minimizar el riesgo aumentando la cantidad de conocimientos disponibles es la razón principal por la que la totalidad del conocimiento humano se está duplicando tan rápido hoy en día. En la actualidad hay más personas generando más información que en toda la historia de la humanidad, y el ritmo se está acelerando. Esto se debe a que reconocemos intuitivamente que todos somos ignorantes en cierta medida.

LA VANIDAD

La gente se enorgullece de sí misma, su aspecto físico, sus logros, su familia, su trabajo y sus posesiones. A la gente le gusta tener buen aspecto y que los demás piensen bien de ella. Esto significa que todo el mundo es vanidoso hasta cierto punto. Lo opuesto a la vanidad sería la indiferencia total sobre la apariencia personal. La vanidad es algo bueno. Nos lleva a luchar por la belleza, la salud, la riqueza y el éxito. La vanidad es la fuerza motriz de industrias como la de la ropa, los muebles, los artículos para el hogar, los automóviles, los cosméticos, el entretenimiento y los deportes, incluso del deseo de crear y construir compañías de éxito. También es la fuerza motriz de la actividad política. Ejerce una influencia desmesurada en todas tus decisiones.

LA IMPACIENCIA

Todo el mundo prefiere antes que después. Todos quieren que las cosas se hagan ahora y no más adelante. Si te ofreciera 100 dólares y pudiera dártelos ahora o dentro de un año, elegirías tenerlos de inmediato. Esto es normal y natural. Es simplemente parte de la naturaleza humana. ¿Por qué ocurre esto? Muy sencillo. Valoras tu vida, y tu vida es tiempo. Como el futuro es una especulación, si puedes tener una recompensa o un beneficio antes, siempre preferirás tenerlo ahora que más tarde.

Toda nuestra sociedad está impulsada por el deseo de los consumidores por tener las cosas que quieren más rápido, más nuevas y mejores. Todas las compañías están impulsadas por la necesidad de velocidad: servir a los clientes más rápido y mejor que sus competidores. Según la ley de Moore, las mejoras en el diseño de las computadoras duplican la velocidad de procesamiento de la información cada 18 meses, y el coste del procesamiento de la información se reduce a la mitad. La velocidad de la tecnología aumenta debido a esta increíble impaciencia de los seres humanos.

Entonces, ¿qué tenemos aquí? Una persona básica, tú incluido, es perezosa, codiciosa, egoísta, ambiciosa, ignorante, vanidosa e impaciente. Por tanto, la persona normal es *expeditiva*. Buscan constantemente la forma más rápida y fácil de conseguir lo que quieren de inmediato, sin preocuparse apenas de las consecuencias secundarias.

Este es el factor O. El único freno a sus impulsos desbocados son la autodisciplina, el autocontrol y el autodominio: un retorno a las virtudes y los valores, y una insistencia inflexible en hacer solo lo correcto y pensarlo bien de antemano. Lo contrario del factor O es la práctica de las grandes virtudes asociadas al carácter y a las personas de nivel superior.

LAS GRANDES VIRTUDES

Hablemos de algunas de estas virtudes. Sabes que la integridad es la virtud más importante, la que garantiza todas las demás. Tu integridad determina con qué firmeza vives según lo que sabes que es correcto y verdadero.

Otra virtud extremadamente importante es la responsabilidad. Cuando aceptas la responsabilidad, aceptas que tú eres la principal fuerza creadora de tu propia vida. Estás donde estás y eres lo que eres gracias a tus propios pensamientos y comportamientos. No paras de decir: "Soy responsable. Si tiene que ser así, depende de mí". Cuando adoptas la virtud de la responsabilidad, dejas de culpar a los demás y de poner excusas. Nunca te quejas, nunca das explicaciones. Tomas las riendas de tu vida por completo y aceptas la responsabilidad, no solo por ti mismo, sino por todos los que te admiran y dependen de ti.

> Cuando aceptas la responsabilidad, aceptas que tú eres la principal fuerza creadora de tu propia vida.

La compasión es una de las mayores virtudes. Te permite ser más paciente, tolerante, comprensivo y compasivo con los que son infelices o menos afortunados. En lugar de intentar conseguir siempre lo que quieres, te pones en la situación de otros que luchan; te recuerdas constantemente: "Por la gracia de Dios, allá voy". Cuanto más compasivo seas con los menos afortunados, mejor persona serás. Reconoces que fuiste extremadamente afortunado por haber llegado tan lejos, y evitas juzgar a aquellos a los que aún les queda un largo camino por recorrer.

La amabilidad es otra gran virtud. Se dice que nunca se es demasiado amable ni demasiado justo. Todas las personas que conoces soportan una gran carga. Cuando expresas amabilidad y cortesía durante todo el día a todas las personas que conoces, contribuyes a aliviar sus cargas. Dejas tras de ti una sensación de calidez y buen humor.

Cuando expresas compasión y bondad y asumes la responsabilidad, te sientes mejor contigo mismo, te vuelves mejor persona, reprogramas tu subconsciente y cambias tu carácter de forma positiva.

La amistad es otra virtud admirable. Sabes que para tener un amigo debes ser un amigo. Puedes hacer más amigos en unas semanas esforzándote por ser un buen amigo para los demás que en años intentando caer bien a la gente. Dale Carnegie, autor de *Cómo ganar amigos e influir sobre las personas*, escribió que la mejor manera de entablar relaciones de amistad es interesarse de verdad por los demás. Puedes superar cualquier timidez o inseguridad si te olvidas de ti mismo y simplemente haces preguntas a la otra persona: ¿qué tipo de trabajo haces? ¿Cómo llegaste a ese campo? ¿Cómo te va todo? Una vez que hagas estas preguntas, escucha en silencio y con atención las respuestas, sin interrumpir. Asiente, sonríe y presta atención. Cuanto más salgas de ti mismo y centres tu atención en los demás, mejor te sentirás contigo mismo y mejor se sentirán los demás contigo.

Estos sentimientos positivos se refuerzan unos a otros. Cuanto más te involucras en comportamientos que son intrínsecamente gratificantes, más los programas en tu personalidad y los conviertes en partes permanentes de tu carácter.

La amabilidad es otra virtud que puedes cultivar. Solo los fuertes pueden ser amables. Las personas que son duras e indiferentes con los demás suelen ser débiles y poco sinceras, con bajos niveles de autoestima y altos niveles de inseguridad. Cuando eres gentil, paciente, tolerante, amable y compasivo con los demás, sean cuales sean las circunstancias, te conviertes en una persona mejor por dentro. Te vuelves más respetado y admirado, sobre todo cuando practicas estas cualidades con tu pareja y tus hijos, tus amigos y tus empleados. Los grandes hombres y mujeres suelen estar entre las personas más amables y gentiles que jamás conocerás.

El mayor de todos los objetivos es la paz mental. Es como realmente se mide lo bien que lo estás haciendo. Cuando te la fijas como objetivo y organizas tu vida en torno a ella, es mucho menos probable que cometas errores. La paz mental solo llega cuando vives en consonancia con los valores más elevados, cuando sabes que estás siendo impecablemente honesto contigo mismo y con los demás. La paz mental llega cuando escuchas la suave vocecita de tu interior. Confías en tu intuición. Sigues la corriente de tu propia naturaleza. Haces lo que sabes que es correcto, bueno y verdadero. Así, atraes a personas y oportunidades que te permiten progresar más en un par de años de lo que consiguen muchas personas en toda su vida.

El mayor de todos los objetivos es la paz mental.

Algunos de los factores de la suerte más importantes son el valor, la confianza en ti mismo, la audacia y la voluntad de avanzar hacia tus objetivos sin garantías de éxito. Con estas características, puedes hacer prácticamente cualquier cosa; sin ellas, ninguna de las demás cualidades te ayudará mucho. El miedo y la duda siempre han sido y serán tus enemigos más mortales. Han contribuido más a sabotear las posibilidades de las personas que el resto de las facetas de la personalidad humana. No es lo que ocurre a tu alrededor, sino lo que ocurre en tu interior lo que determina todo lo que eres y todo lo que consigues. Desarrollar el valor y la resolución son las claves para que pongas toda tu vida en marcha.

La ley de la voluntad dice que para tener éxito debes estar deseando hacer lo que haga falta para lograr tu objetivo. Claro, siempre dentro de la ley y la razón. Nunca harás nada que sea ilegal o inmoral, ni tampoco saltarás de aviones sin paracaídas. Dentro de estos límites, la voluntad es uno de los factores de la suerte más importantes.

Muchas personas, cuando se proponen un objetivo para sí mismas, están deseando hacer prácticamente cualquier cosa que haga falta para lograrlo, pero esto no es suficiente. Debes comprometerte tanto con tu objetivo que estés deseando pagar cualquier precio, recorrer cualquier distancia y hacer cualquier sacrificio. ¿Quieres ser económicamente independiente? ¿Te gustaría ser rico? ¿Deseas ser millonario a lo largo de tu vida laboral? No hay obstáculos que te detengan para lograr tus objetivos económicos. Hay millones de hombres y mujeres que lograron todos estos objetivos, comenzando desde cero y muchas veces profundamente endeudados, y tú también podrás lograrlo. La pregunta es ¿hasta qué punto lo deseas?

No hay obstáculos que te detengan para lograr tus objetivos económicos.

En cuanto hayas decidido exactamente lo que quieres, puedes activar la ley del valor para aumentar tu suerte. Esta ley dice que si te mueves con valentía hacia tus objetivos, habrá fuerzas invisibles que acudirán en tu ayuda. Muchas personas dudan o abandonan porque no ven cómo van a llegar desde donde están hasta donde quieren ir. No se dan cuenta de que un viaje de 1 000 leguas comienza con un solo paso. Solo cuando das un paso con fe y actúas con valentía en dirección a tus sueños, empiezan realmente a suceder las cosas para ti.

Aristóteles definió el valor como un término medio entre la temeridad y la cobardía. El valor se sitúa justo en el medio. Observó que la forma de desarrollar el valor es practicándolo en cada situación en que se necesite.

LA ADQUISICIÓN DEL MIEDO

Solo hay una cosa buena sobre los miedos que te frenan: todos son aprendidos. No se nace con miedos. Cuando llegas al mundo, tú, como cualquier otro niño, tienes dos cualidades maravillosas. En primer lugar, no tienes miedo. Los bebés no tienen miedos naturales (salvo el miedo a caerse y a los ruidos fuertes, que son físicos). En segundo lugar, eres completamente espontáneo. Los bebés se expresan sin tapujos, sin pensar ni preocuparse por lo que digan o piensen los demás.

Conforme vas creciendo, tus padres y la gente que te rodea te inculcan los miedos que te frenan para el resto de tu vida. Cuando exploras el mundo que te rodea te dicen cosas como "para, aléjate de ahí, no toques eso, deja eso, sal de ahí" y —quizás la palabra negativa más poderosa de todas— "no". Cada vez que intentas tocar, probar u oler algo, siempre hay alguien que te dice que pares; es demasiado peligroso; eres demasiado pequeño.

Así, enseguida desarrollas la creencia inconsciente de que eres demasiado pequeño, débil e inadecuado. Crees que no eres bastante bueno. Enseguida desarrollarás los primeros rastros del miedo al fracaso, que se expresan con las palabras *no puedo, no puedo, no puedo.*

Cuando te conviertes en adulto asumes este proceso de reforzamiento negativo. Cada vez que surge algo nuevo o desafiante dices: "No puedo hacerlo, no soy lo bastante listo, no soy lo bastante creativo, no soy lo bastante culto, no soy lo bastante extrovertido". Tu primera reacción ante una nueva oportunidad es inventar una razón por la que no es posible que tú lo logres.

Más de una vez pregunté en este libro si querías ser económicamente independiente. Si no tienes cuidado, te pondrás a trabajar como un fiscal argumentando contra ti mismo. Enseguida pensarás en todas las razones por las que tú no puedes lograrlo. Como dijo una vez Henry Ford, si crees que puedes hacer algo, o crees que no puedes, en ambos casos probablemente tengas razón.

El segundo miedo que desarrollas a causa del condicionamiento infantil es el miedo al rechazo. Este se da cuando tus padres condicionan su amor por ti a tu comportamiento. Si te critican y desaprueban porque haces o dejas de hacer ciertas cosas, aprendes muy pronto a ajustar tu comportamiento para intentar hacer siempre lo que crees que ellos quieren y aprueban.

Si no tienes cuidado, cuando crezcas puedes volverte hipersensible a las opiniones y la aprobación de los demás. Algunas personas están tan traumatizadas por sus experiencias de la infancia que no pueden tomar ninguna decisión en su vida adulta si creen que alguien de su entorno (o incluso personas que no conocen) pueda desaprobarla.

El mayor obstáculo para que la gente cree su propio negocio es el miedo a la desaprobación y al ridículo. Prefieren no hacer nada a que otra persona no los quiera o no les admire. Pero si no haces nada, tampoco consigues nada. Como dijo una vez el jugador de hockey Wayne Gretzky, fallas el 100% de los tiros que no lanzas.

El miedo al rechazo se caracteriza por el sentimiento *tengo que, tengo que, tengo que*. Es el sentimiento compulsivo de que tienes que hacer cosas que los demás aprueben y no puedes hacer nada que los demás puedan desaprobar.

Los miedos leves al fracaso y al rechazo son sanos: pueden impulsarte a tener éxito. Los sentimientos leves de incompetencia e inferioridad pueden impulsarte a hacer cosas y a convertirte en la persona que los demás admirarán y respetarán. En este caso, actúan como un estímulo positivo para un comportamiento constructivo. Los miedos al rechazo, cuando se expresan como una consideración válida hacia los demás, pueden ser muy positivos. El deseo de gustar y ser aceptado está en la base de nuestro respeto por la ley, la cortesía y las normas sociales que hacen posible la vida civilizada. Los griegos tenían un famoso dicho: moderación en todo. La moderación en los miedos no tiene nada de malo, siempre que no frenen tu propio potencial (algo que, desgraciadamente, le ocurre a la mayoría de la gente).

La forma de superar el miedo al fracaso es anularlo utilizando la ley de sustitución y repitiendo las palabras "puedo hacerlo, puedo hacerlo, puedo hacerlo" cada vez que pienses en algo que te ponga tenso o te inquiete.

Para superar el miedo al rechazo repítete a ti mismo: "No tengo que hacerlo, no tengo que hacerlo, no tengo que hacerlo". Cuando te dices a ti mismo que no tienes que hacer nada que no quieras y que puedes hacer cualquier cosa que sí quieras, tomas el control total de tu mente y tus emociones, tanto consciente como inconscientemente. Cuanto más audazmente actúes y te muevas en la dirección de tus sueños, más trabajará en tu favor la ley de la atracción. Cuanta más seguridad y optimismo tengas en ti, más ajustará tu mente superconsciente tus pensamientos y comportamientos —y el mundo que te rodea— para que experimentes incidentes de serendipia y sincronía una y otra vez.

Antes hablé de la importancia de soñar grandes sueños. Esta es la mejor pregunta de todas para superar los miedos que te frenan: ¿qué te atreverías a soñar en grande si supieras que no vas a fracasar? ¿Si supieras que no tienes ninguna limitación? Si tuvieras el éxito absolutamente garantizado, ¿qué gran objetivo te marcarías?

¿Qué te atreverías a soñar en grande si supieras que no vas a fracasar?

Casi todo el mundo sabe la respuesta a esta pregunta en cuanto la oye. Pero en el instante en que defines la respuesta tus miedos te asaltan por todos lados como una turba de demonios subconscientes, despertando dudas y ansiedades y minando tu confianza.

Te contaré una buena forma de poner a prueba los obstáculos mentales que utilizas para frenarte. Hazte la siguiente pregunta: ¿conozco a alguien más que haya experimentado las mismas limitaciones que yo, pero que de todos modos haya tenido éxito? Esta pregunta te obliga a ser sincero contigo mismo. Te obliga a dejar de jugar con tu propia cabeza. Sea cual sea tu excusa favorita, puedes estar absolutamente seguro de que hay miles de personas que lo han tenido mucho peor que tú, y que, sin embargo, llegaron a conseguir cosas maravillosas e hicieron contribuciones significativas a su vida, familia y comunidad. Entonces, ¿qué te está frenando?

INDEFENSIÓN APRENDIDA

Los psicólogos han identificado dos factores principales que hacen que tengas mucho más miedo de lo que justifican los hechos. El primero, que está profundamente arraigado en el miedo al fracaso, es el sentimiento de indefensión aprendida. En su libro *Aprenda optimismo*, el psicólogo Martin Seligman explica que quizás el 80% o más de nuestra población tiene este sentimiento en un grado u otro. Es la sensación de que estás indefenso, de que no puedes hacer nada. Se manifiesta en el uso continuo de las palabras *no puedo, no puedo*.

Abraham Maslow dijo que la historia de la raza humana es la historia de hombres y mujeres que se menosprecian. Te conformas con mucho menos de lo que es posible para ti porque te convences inconscientemente de que es muy poco lo que puedes hacer para cambiar las cosas. Sin embargo, esto no es realmente cierto. Puedes provocar cambios drásticos —a veces muy rápidamente— practicando las lecciones de la suerte de las que hablamos aquí.

En realidad, las únicas limitaciones a tus capacidades son tu imaginación y tu deseo. Recuerda las famosas palabras de Napoleon Hill: "Todo lo que la mente del hombre puede concebir y creer, puede conseguirlo". Si puedes definir y planificar claramente un objetivo, es casi seguro que tienes las capacidades y los talentos innatos para alcanzarlo. Tu capacidad para articular y definir algo que realmente deseas significa que tienes la capacidad de conseguirlo, siempre que lo desees durante el tiempo suficiente y con la fuerza suficiente.

LA ZONA DE CONFORT

El segundo miedo que frena a la gente para alcanzar un gran éxito es la zona de confort. Somos criaturas de costumbres, y tendemos a ceñirnos a ellas, aunque no estemos especialmente contentos con los resultados.

La ley del hábito afirma que en ausencia de una clara decisión de tu parte o de algún estímulo externo seguirás actuando de la misma forma indefinidamente. Esta ley es la misma que la ley de la inercia que formuló Isaac Newton. Decía que un cuerpo en movimiento tiende a permanecer en movimiento, a menos que se aplique una fuerza externa. Esta ley, aplicada a ti, dice que seguirás haciendo lo mismo, relacionándote con las mismas personas, ganando la misma cantidad de dinero y disfrutando de los mismos logros a menos que decidas claramente cambiar tu situación u ocurra algo que te fuerce a cambiar, que te saque de tu zona de confort.

Por eso, perder un trabajo, terminar con un matrimonio o perder todo tu dinero puede ser algo bueno. Puede sacudirte y sacarte de tu zona de confort. Puede despertarte para que te muevas en otras direcciones en las que puedes avanzar.

Independientemente de lo que te ocurra, oblígate a pensar en el futuro. En lugar de obsesionarte con tus problemas pasados, proyecta la mente hacia delante y pregúntate: *¿Qué hago a partir de ahora? ¿Cuál es el siguiente paso? Y sobre todo, ¿qué puedo aprender de esta situación que me ayude a ser más fuerte y mejor en el futuro?*

ACTÚA COMO SI FUERA IMPOSIBLE FRACASAR

Quien mejor resumió la ley de la suposición fue la escritora Dorothea Brande, quien llegó a la conclusión de que era el mayor de todos los secretos de éxito: si deseas algo con sinceridad, actúa como si fuera imposible fracasar, y lo lograrás.

Recuerda que solo puedes saber lo que realmente crees y valoras observando tu forma de actuar, las decisiones y elecciones que tomas y los comportamientos que adoptas. Cualquiera puede saber cuáles son tus verdaderos objetivos y valores simplemente observando lo que haces cada día. Si una persona dice que quiere ser feliz, estar sana y ser económicamente independiente, pero come demasiado, hace muy poco ejercicio, casi nunca lee y se pasa la tarde viendo la televisión, le está diciendo al mundo lo que realmente quiere. Quiere tener una vida fácil e indisciplinada, caracterizada por el tiempo perdido y las horas vacías de entretenimiento irreflexivo. Lo que una persona siembra, eso es lo que cosechará.

Todo el mundo tiene miedo. Tú tienes miedo, yo tengo miedo y todo el mundo que conoces tiene miedo. A causa de nuestro condicionamiento, todos crecemos con una lista enorme de miedos. A veces nos ayudan, pero la mayoría de las veces nos perjudican o nos frenan.

Si todo el mundo tiene miedo, ¿cuál es la diferencia entre el valiente y el cobarde? La respuesta es sencilla. El valiente es la persona que actúa a pesar de sus miedos. El cobarde es la persona que permite que sus miedos la superen. Ralph Waldo Emerson escribió una vez que la lección más importante que aprendió en su vida fue esta: si haces lo que temes, la muerte del miedo está garantizada.

Las personas de un nivel superior tienen el hábito de enfrentarse a sus miedos. Cuando puedes identificar un miedo y avanzar hacia él, el miedo se desvanece y pierde su dominio sobre ti. Pero si retrocedes, el miedo no para de crecer hasta que domina tu vida.

La ley del hábito dice que todo lo que haces una y otra vez se convierte en un nuevo hábito. Si te acostumbras a enfrentarte a tus miedos, a hacer lo que temes, a actuar como si no tuvieras ningún miedo en cualquier situación difícil, tus miedos disminuyen y tu valor aumenta. Pronto llegarás a un punto en el que prácticamente no tendrás miedo a nada. ¿Qué grandes objetivos te marcarías si no tuvieras ningún miedo?

EL QUITAPENAS

Te contaré un gran ejercicio. Toma tu lista de deseos y usa el método del quitapenas en cada uno de tus sueños, objetivos y fantasías. Anótalos todos en una columna en la parte izquierda de la página. Haz una línea en el centro y en la columna de la derecha, al lado de tus objetivos, anota lo peor que podría ocurrir si actuaras inmediatamente para conseguir dicho objetivo. En casi todos los casos descubrirás que la peor consecuencia posible no será tan grave como podrías imaginarte.

Un síntoma de los miedos subconscientes es la preocupación. Se trata de una forma persistente de miedo provocado por la indecisión y la duda sobre uno mismo. Es una forma de imaginación negativa. Es pensar, dotar de emoción e imaginar exactamente las cosas que no quieres que ocurran.

La ley de la atracción es neutral. Tu mente, sobre todo la superconsciente, es extraordinariamente potente, pero atrae a tu vida todas las cosas que más dotas de emoción y en las que más piensas. Las personas que se preocupan por el dinero tienen problemas económicos. Las personas que son críticas, exigentes e impacientes siempre parecen tener problemas en sus relaciones. Las personas que buscan constantemente formas rápidas y fáciles de hacer su trabajo sin poner toda su alma en sus responsabilidades, acaban siempre con problemas en el trabajo.

> Tu mente es extraordinariamente potente.
> Atrae a tu vida todas las cosas que más dotas de emoción
> y en las que más piensas.

Cuando te preocupas, atraes a tu vida más de las cosas por las que te preocupas. Por eso debes ser inflexible y pensar, hablar e imaginar solo las cosas que deseas. Debes negarte rotundamente a pensar en las que no quieres. Esta es una de las mayores pruebas de carácter y autocontrol. Es el componente clave del éxito y la felicidad.

EL DOMINIO DEL VALOR

Tu disposición a asumir riesgos, a salir de tu zona de confort, a romper las ataduras de la indefensión aprendida y a comprometerte por completo a conseguir objetivos que merezcan la pena sin garantías de éxito es un factor de la suerte extremadamente importante. ¿Cómo se desarrolla la cualidad del valor? Aquí tienes tres pasos, que puedes utilizar siempre.

En primer lugar, cuando pienses en una situación que te da miedo, identifica cuáles podrían ser los peores resultados que se derivaran de ella. Una vez que lo hayas identificado, decídete a aceptarlo en caso de que ocurra. Así podrás dejar de preocuparte por ello y apartarlo de tu mente. Una vez hecho esto, puedes pensar en las cosas que puedes hacer para asegurarte de que no ocurra. En cuanto hayas identificado lo peor que puede ocurrir en cualquier situación, tus miedos y preocupaciones tienden a evaporarse; tu mente se tranquiliza y se aclara. Puedes centrar todas tus energías y entusiasmo en el éxito y no en el fracaso.

Hace años, cuando participaba en competiciones de karate, aprendí una interesante técnica de uno de los mejores maestros de karate del mundo. Descubrí que si te mueves hacia delante en un combate de karate, aunque sea un centímetro cada vez, tu oponente se moverá hacia atrás para mantener la misma distancia relativa entre ambos. Como yo me movía hacia delante, el 100% de mi energía y atención estaban dirigidas hacia delante. Como mi oponente se movía hacia atrás, casi la mitad de su energía estaba enfocada hacia donde se dirigía, hacia el borde del tatami. Me fue muy bien en muchos combates de torneos nacionales porque siempre me movía hacia delante, incluso frente a mejores oponentes. Si concentras el 100% de tus energías hacia delante tendrás esa ventaja esencial que puede marcar la diferencia entre el éxito y el fracaso.

Otra forma de armarte de valor y disminuir tus miedos es identificar todas las recompensas de las que disfrutarás al conseguir tus objetivos. Escríbelas todas. Friedrich Nietzsche, el filósofo alemán, escribió una vez: "Aquel que tiene un porqué para vivir puede soportar casi cualquier cómo". Cuantos más motivos tengas para alcanzar tus objetivos, cuantas más recompensas puedas imaginar, más fuerza y energía tendrás. Recuerda que solo puedes pensar en una cosa a la vez. Si estás pensando en las recompensas del éxito, no puedes pensar simultáneamente en las penalizaciones del fracaso. Cuanto más pienses en lo que quieres, más fuerte y poderoso te volverás. Y cuanto más poderoso te vuelves, más valor desarrollas, hasta que llegas al punto en que no tienes miedo de nada. Empezarás a ser imparable en tu movimiento hacia tus objetivos.

> "Aquel que tiene un porqué para vivir puede soportar casi cualquier cómo".
> —Friedrich Nietzsche

EL PODER DE LA PERSISTENCIA

Si la primera fase del valor es la voluntad de empezar, actuar con fe y avanzar hacia tus objetivos sin garantías de éxito, la segunda es la voluntad de aguantar y persistir. A veces tu única ventaja es que tomaste la firme decisión de no rendirte nunca. En cualquier situación competitiva, la persona más resuelta y decidida suele ser la que gana. La gente no suele fracasar porque carezca de habilidad o de oportunidades, sino porque carece de fuerza interior y de persistencia frente a los obstáculos.

En cuanto te fijes un gran objetivo será como si tu barco de la vida hubiera chocado con una tormenta. Entrarás en una borrasca, y serás zarandeado sin parar por una serie de reveses y dificultades inesperados. Cuando te fijas nuevos objetivos, grandes y desafiantes, tu superconsciente desencadena cambios en el mundo que te rodea, que solo tienen una cosa en común: están destinados a traerte las experiencias y oportunidades que necesitas para rendir al nuevo nivel que te fijaste.

A continuación te propongo dos grandes preguntas que puedes utilizar para convertir el fracaso en éxito y aumentar tu persistencia ante la adversidad. Las llamo las preguntas de oro. Las aprendí de un millonario que había conseguido serlo con su propio esfuerzo, y se las he enseñado a muchas personas que las han utilizado para convertirse también en millonarios.

La primera pregunta, pase lo que pase, es: *¿qué hice bien?* Analiza cuidadosamente cada cosa que hiciste bien en esa situación. Aunque resultara un desastre, hiciste ciertas cosas que valieron la pena, que fueron productivas y que merece la pena repetir.

258 | LAS LEYES DE LA SUERTE

Luego, hazte la segunda pregunta: *¿qué haría diferente si tuviera que repetir esta situación?* Esto te obliga a pensar en las lecciones que aprendiste con ella. Te obliga a pensar hacia el futuro y en lo que puedes hacer, en lugar de pensar en el pasado y en lo que ocurrió.

Ambas preguntas exigen respuestas positivas que te permitan extraer el valor máximo a cada situación. Te permiten mantener la mente positiva, centrada y orientada hacia el futuro. Te permiten aprender y crecer a un ritmo rápido. Si te haces estas dos preguntas después de cada situación, aprenderás y crecerás más en un mes de lo que cualquier otra persona pueda aprender en dos o tres años.

Si trabajas para otras personas deberías hacer un ejercicio con estas preguntas con frecuencia. Te asombrarás de las reflexiones que te ayudarán a avanzar más rápido y harán que experimentes una suerte más allá de tu imaginación.

Una de mis citas favoritas es de Phil Knight de los tenis Nike. Dijo que solo debes tener éxito la última vez. Puedes fracasar una y otra vez, pero solo hace falta un gran éxito —que es prácticamente inevitable si insistes— para que borre todos tus fracasos anteriores. Nadie consigue grandes logros sin haber superado la prueba de la persistencia. Es como un examen que debes hacer una y otra vez. Solo podrás avanzar si desarrollas niveles de persistencia aún mayores. La mayoría de la gente logra sus mayores éxitos si va un paso más allá de donde cualquier otra persona habría abandonado. Pero este tipo de gente, que decidió no darse nunca por vencida hasta lograr su objetivo, siguió perseverando y al final lo superó.

A veces tu mayor fracaso puede ser el trampolín a tu mayor éxito. A veces el colapso total de una idea o una empresa es la pieza final del rompecabezas que te permite tomar la decisión que te lleva a obtener independencia económica.

PERSISTENCIA FRENTE A OBSTINACIÓN

Por cierto, existe una diferencia entre persistencia y obstinación. La persistencia consiste en insistir hacia un objetivo claro sin dejar de ser flexible en cuanto a los medios para alcanzarlo. Siempre sabes a dónde vas, pero estás dispuesto a cambiar y probar distintas formas de llegar a ello, y nunca te das por vencido.

Sin embargo, la obstinación es desafiar los hechos. Intentas hacer funcionar algo que es obviamente inviable. Las pruebas en tu contra son abrumadoras. Sencillamente, no eres realista ni sincero contigo mismo ni la situación.

> La persistencia consiste en insistir hacia un objetivo claro. La obstinación es desafiar los hechos.

Tienes que reflexionar sobre la diferencia entre persistencia y obstinación con frecuencia, y asegurarte de que lo que haces es persistir y no obstinarte.

Cuanto más persistes, más crees en ti mismo, y cuanto más crees en ti mismo, más persistes. Tu persistencia es la forma de medir cuánto crees en ti mismo. Puedes aumentar tu convicción de éxito absoluto simplemente actuando como si este estuviera garantizado siempre que sigas adelante. Te vuelves imparable si te niegas a detenerte. Cuando te decides a actuar con coherencia y aplicas la estrategia del impulso a tus actividades, te vuelves como una fuerza de la naturaleza, como una riada o un glaciar que se mueven inexorablemente en una dirección determinada. Te vuelves más fuerte y más optimista, más resolutivo y, en definitiva, imparable.

Cuando desarrolles las cualidades gemelas de valor y persistencia, comenzarás a experimentar la suerte de formas que jamás habrías creído posibles. Cuanto más practiques el valor y la persistencia, te volverás más fuerte y mejor. Si la primera clave del éxito es ponerte manos a la obra, la segunda es la tenacidad. En cuanto te lances hacia tu objetivo, solamente tienes que decidir que seguirás poniendo un pie delante del otro hasta que llegues donde quieres.

UN RESUMEN DEL ÉXITO

En este libro expliqué que la suerte es predecible. El éxito y la felicidad no son accidentes. Todo lo que te sucede te ocurre por un buen motivo. La gente está en el lugar en el que está y es la que es gracias a sí misma, y sobre todo gracias a lo que piensa la mayor parte del tiempo. Es importante tener esto en mente si se quiere lograr el éxito en la vida. El gran secreto del éxito es que no hay secretos del éxito.

Desde el principio de la historia documentada se han descubierto y redescubierto los motivos del éxito una y otra vez. Estos son:

1. Ten absolutamente claras las cosas que quieres y la persona que quieres ser.

2. Piensa y habla constantemente solo sobre esas cosas. Niégate a pensar, hablar o preocuparte de cosas que no quieres.

3. Aprende todo lo que puedas para destacar en lo que haces. Mejora tus habilidades y decídete a estar dentro del 10% de los mejores en tu campo. Esto será lo que más te ayudará.

4. Conviértete en una persona totalmente positiva, para agradar a la gente y para que quieran estar a tu alrededor y ayudarte.

5. Elabora una estrategia para ampliar tu red de contactos y relaciones. Cuanta más gente te conozca y le agrades, más puertas te abrirán.

6. Convierte el ahorro en un hábito. Comienza con el 1% y ve aumentando hasta el 10, 20 e incluso el 30%. Una persona con dinero en el banco atrae más oportunidades y buena suerte que una persona arruinada.

7. Libera tu creatividad innata. Eres un genio en potencia. No existe ningún problema que no puedas resolver ni ningún objetivo que no puedas alcanzar si aplicas el increíble poder de tu mente.

8. Enfócate continuamente en los resultados, en el uso más valioso de tu tiempo, cada minuto de cada día.

9. La proactividad es una cualidad esencial de todas las personas exitosas. Ponte en marcha, ocúpate en algo, muévete rápido, desarrolla un sentido de urgencia y mantente en movimiento constante en dirección a tus aspiraciones.

10. Desarrolla tu personalidad. Cuanto mejor persona seas por dentro, más maravillosa será tu vida por fuera.

11. Por último, ten el valor de comenzar y la persistencia de aguantar.

Cuando combinas todos estos factores te conviertes en un ser humano totalmente positivo, centrado en el futuro, enérgico, simpático, talentoso, hábil, inteligente y optimista. Te vuelves imparable, y comienzas a tener experiencias afortunadas en todos los aspectos de tu vida, y eso te permitirá lograr cualquier objetivo que te propongas. Luego, cuando la gente diga que tienes suerte, puedes sonreír humildemente y hablar de lo afortunado que fuiste y lo agradecido que estás por ello. Pero dentro de ti sabrás que no fue suerte en absoluto. Lo hiciste todo tú solo.

CLAVES PARA DESARROLLAR LA VIRTUD

1. El fin último de todo el mundo es la felicidad.
2. Solo puedes ser feliz si eres buena persona. Solo puedes ser buena persona si adquieres virtud.
3. La integridad es la virtud principal.
4. Ser honesto contigo mismo significa ser fiel a lo mejor que hay dentro de ti.
5. El factor O es la principal razón del fracaso. Su antídoto es la autodisciplina.
6. Para tener más y mejores logros, sal de tu zona de confort.
7. Ten el valor de empezar y la persistencia de aguantar.

Las leyes de la suerte

LA LEY DE CAUSA Y EFECTO

Todo ocurre por una razón. Para cada efecto en tu vida hay una causa o una serie de causas específicas que se pueden medir, definir e identificar.

LA LEY DE ACCIÓN Y REACCIÓN

Por cada acción existe una reacción igual y opuesta.

LA LEY DE LA SIEMBRA Y LA COSECHA

"Cada uno cosecha lo que siembra" (Gálatas 6:7).

LA LEY DE LAS PROBABILIDADES

Existe una probabilidad de que cada evento ocurra en determinadas circunstancias.

LA LEY DE LA ATRACCIÓN

Eres un imán viviente. Inevitablemente, atraes a tu vida a las personas, circunstancias, ideas y recursos que están en sintonía con tus pensamientos dominantes.

LA LEY DE LA FE

Cualquier cosa que creas con convicción se vuelve tu realidad.

LA LEY DE LA MENTE

Un corolario de la ley de la fe. Los pensamientos se cosifican. Tus pensamientos acaban materializándose en el mundo que te rodea.

LA LEY DE LAS EXPECTATIVAS

Todo aquello que esperas con confianza se convierte en tu propia profecía cumplida por ti mismo. En la vida no consigues lo que quieres, sino lo que esperas.

LA LEY DE LA ACTIVIDAD SUBCONSCIENTE

Cualquier pensamiento u objetivo que mantengas en la mente consciente será aceptado por tu mente subconsciente como una orden o instrucción.

LA LEY DE LA AFIRMACIÓN

Cualquier objetivo que repitas una y otra vez de una forma positiva, personal y en presente será aceptado por tu mente subconsciente como una orden. Los resultados serán atraídos a tu vida por la ley de la atracción.

LA LEY DE LA CORRESPONDENCIA

Tu mundo exterior refleja tu mundo interior; lo que ocurre en tu entorno es un reflejo o manifestación de lo que ocurre en tu interior.

LA LEY DE LOS EQUIVALENTES MENTALES

Tu principal tarea es crear dentro de ti el equivalente mental de lo que deseas disfrutar en el exterior. Los pensamientos pasados o futuros no cuentan. Lo único que importa es la forma en la que piensas en este momento.

LA LEY DE LA SUGESTIÓN

Tus pensamientos establecen un campo de fuerzas de atracción que o bien atrae las cosas que quieres o las que no quieres.

LA LEY DE LA RESPONSABILIDAD

Eres cien por ciento responsable de ti mismo, de todo lo que eres y de todo lo que serás.

CAPÍTULO 2

LA LEY DE LAS EXPECTATIVAS POSITIVAS

Cuanta más confianza tienes en que algo bueno salga de cualquier situación, mayor es la probabilidad de que ocurra.

LA LEY DE LA FUTURIDAD

No importa de dónde vengas; todo lo que importa es a dónde vas.

LA LEY DE LA SINCRONICIDAD

Ocurren cosas que no tienen una relación directa de causa y efecto. A menudo los acontecimientos no están vinculados por la causalidad, sino por el significado.

LA LEY DEL PROPÓSITO

El secreto del éxito es la constancia en el propósito.

LA LEY DEL CONTROL

Te sentirás bien contigo mismo en la medida en que sientas que controlas tu propia vida. Te sentirás mal contigo mismo en la medida en la que sientas que estás controlado por fuerzas externas u otras personas.

LA LEY DEL ACCIDENTE

Contraria a la ley del control, afirma que no planificar es lo mismo que planificar el fracaso. Actuar sin un propósito significa vivir sin propósito.

LA LEY DE LA CLARIDAD

Cuanto más claro tengas lo que quieres, más rápido lo conseguirás.

LA LEY DEL DESEO

Lo único que limita tus capacidades es cuánto deseas algo.

LA LEY DE LA ACELERACIÓN

Cualquier cosa hacia la que te dirijas también se dirige hacia ti: lo semejante atrae a lo semejante.

LA LEY DE LA CONCENTRACIÓN

Todo aquello sobre lo que reflexionas crece y aumenta en tu vida.

Capítulo 3

LA LEY DE LA VENTAJA GANADORA

Las pequeñas diferencias en conocimiento y capacidades pueden acabar en enormes diferencias en los resultados.

LA LEY DE LA COMPLEJIDAD INTEGRADORA

En cualquier grupo, la persona que puede integrar la mayor cantidad de información sobresaldrá y dominará a las demás personas de ese grupo.

LA LEY DEL DESARROLLO PERSONAL

Se puede aprender cualquier cosa que se necesite aprender para lograr cualquier objetivo que te establezcas. No hay limitaciones en lo que se puede lograr.

LA LEY DE LOS TALENTOS

Nunca desarrollarás un talento o capacidad útiles sin que tarde o temprano tengas la oportunidad para aplicar dicho talento o capacidad en un buen propósito.

LA LEY DE LA VARIEDAD

Tu éxito estará determinado por la calidad y la cantidad de ideas que puedas generar para mejorar tus circunstancias.

CAPÍTULO 4

LA LEY DEL SERVICIO

Tus recompensas siempre serán equivalentes al valor de tu servicio hacia los demás. El universo siempre está en equilibrio: siempre obtendrás lo que aportes.

LA LEY DE LA PRÁCTICA

Todo aquello que practiques una y otra vez acaba convirtiéndose en un nuevo hábito o habilidad.

LA LEY DE LA MEJORA GRADUAL

Se consigue más poco a poco y cachito a cachito. La excelencia es un proceso laborioso de diminutos avances graduales, que pueden ser imperceptibles por sí solos, pero acumulados suman para lograr la maestría.

LA LEY DE LA DECISIÓN

La gente tiene éxito porque tomó una decisión clara, inequívoca o de vida o muerte para tener éxito. Las personas que no tienen éxito nunca tomaron dicha decisión.

LA LEY DEL AMOR

Todo lo que haces en la vida es para conseguir amor o para compensar por la falta de amor. Hay un principio que dice que solo tendrás un éxito real y serás verdaderamente feliz cuando te comprometas con el corazón a hacer lo que más te gusta hacer.

LA LEY DE LA MEJORA

Tu vida solo mejora cuando tú mejoras.

CAPÍTULO 5

LA LEY DE LA SIMPATÍA

Cuanta más gente te tenga aprecio, más se dejará influir por ti y más te ayudará a lograr tus objetivos.

LA LEY DE LA AUTOESTIMA

Cuanto más te quieras, respetes y aprecies a ti mismo, más querrás, respetarás y apreciarás a los demás, y más te querrán, respetarán y apreciarán.

LA LEY DE LA AFIRMACIÓN

Cualquier declaración fuerte y afirmativa que te repitas una y otra vez en tu mente consciente será aceptada enseguida como una orden por tu mente subconsciente.

LA LEY DE LA ACTIVIDAD SUBCONSCIENTE

Todo lo que acepta tu mente subconsciente comienza a materializarse en el mundo que te rodea.

LA LEY DE LA SUSTITUCIÓN

Tu mente consciente solo puede tener un pensamiento a la vez, y tú puedes elegir dicho pensamiento. Puedes sustituir un pensamiento negativo por uno positivo siempre que así lo decidas.

LA LEY DE LA REVERSIBILIDAD

De la misma forma que los sentimientos generan acciones que son consecuentes con ellos, las acciones generan sentimientos que son consecuentes con ellas. Puedes actuar para sentirte de la forma en la que te quieras sentir.

LA LEY DE LA RECIPROCIDAD EMOCIONAL

Cuando haces y dices cosas que hacen que otras personas se sientan bien, estas tendrán un deseo inconsciente de devolverte el favor y hacerte sentir bien también.

CAPÍTULO 6

LA LEY DE LAS RELACIONES

Cuanta más gente te conozca y piense en ti de forma positiva, más éxito y oportunidades tendrás.

LA LEY DE LA REPULSIÓN

Opuesta a la ley de la atracción: automáticamente repeles a las personas y circunstancias que no estén en armonía con tus pensamientos dominantes.

LA LEY DEL ESFUERZO INDIRECTO

Consigues lo que quieres de los demás más a menudo de forma indirecta que directa.

LA LEY DE DAR

Cuanto más des de ti sin esperar nada a cambio, más regresará a ti de las fuentes más inesperadas.

LA LEY DEL ESFUERZO INDIRECTO

En lugar de tratar de impresionar a la otra persona, haz preguntas y déjate impresionar por lo que te diga.

LA LEY DEL AGRADO

Cuanto más le agrades a una persona, más fácil será influir en ella.

LA LEY DE LA RECIPROCIDAD

Si haces algo por otra persona, esta querrá hacer algo por ti.

CAPÍTULO 7

LA LEY DE LA ABUNDANCIA

Vivimos en un universo de abundancia ilimitada. Hay suficiente para todo el mundo.

LA LEY DE LA EMULACIÓN

Triunfarás en la misma medida en la que averigües lo que hacen otras personas de éxito y hagas esas cosas una y otra vez.

LA LEY DEL AHORRO

Si ahorras e inviertes el 10% de tus ingresos a lo largo de tu vida laboral, te jubilarás millonario.

LA LEY DE LA ACUMULACIÓN

El dinero ahorrado e invertido con sentimientos de esperanza y deseo desarrollará un campo de fuerza de energía a su alrededor y atraerá más dinero.

LA LEY DE LA OPORTUNIDAD

Cuando estés listo, aparecerá exactamente la oportunidad justa frente a ti en el momento justo.

LA LEY DE LA INVERSIÓN

Debes investigar antes de invertir. Debes pasar al menos el mismo tiempo estudiando las inversiones que el que pasas ganando el dinero que inviertes.

LA LEY DE LA CONSERVACIÓN

Lo que cuenta no es cuánto dinero ganas, sino cuánto conservas.

Capítulo 8

LA LEY DE LA CONCENTRACIÓN

Todo aquello sobre lo que reflexionas crece y aumenta en tu vida.

LA LEY DE LA DECISIÓN

Cualquier decisión clara y específica para hacer algo definitivo te despeja la mente y activa tu creatividad.

LA LEY DE LA ACTIVIDAD SUPERCONSCIENTE

Cualquier pensamiento, plan, objetivo o idea que mantengas constantemente en tu mente consciente debe hacerse realidad mediante tu mente superconsciente.

CAPÍTULO 9

LA LEY DE LOS RESULTADOS

Tus recompensas siempre serán equivalentes a la calidad, cantidad y oportunidad de los resultados que consigas para otras personas.

LA LEY DEL ESFUERZO APLICADO

Cualquier objetivo, tarea o actividad puede lograrse mediante el esfuerzo constante y el trabajo duro.

LA LEY DEL PENSAMIENTO CERO

Si hay alguna actividad que, sabiendo lo que sabes ahora, no habrías emprendido para empezar, elimínala lo antes posible.

CAPÍTULO 10

LA LEY DE LA FLEXIBILIDAD

Debes tener claro tu objetivo, pero siempre debes ser flexible respecto a la forma de alcanzarlo.

CAPÍTULO 11

LA LEY DE LA VALENTÍA

Si te mueves con valentía en dirección a tus objetivos, fuerzas invisibles acudirán en tu ayuda.

LA LEY DEL HÁBITO

En ausencia de una clara decisión de tu parte o de algún estímulo externo, seguirás actuando de la misma forma indefinidamente. Además, sea lo que sea que hagas una y otra vez se convierte en un hábito nuevo.

LA LEY DE LA SUPOSICIÓN

Si deseas algo con sinceridad, actúa como si fuera imposible fracasar, y lo lograrás.

Esta obra se terminó de imprimir
en el mes de julio de 2024,
en los talleres de Impresora Tauro, S.A. de C.V.
Ciudad de México.